PSYCHOLOGIE FÜR ANFÄNGER

Alle Grundlagen zu NLP, Unterbewusstsein, Persönlichkeitsentwicklung und Manipulationstechniken + Anleitung zu mehr Selbstbewusstsein, Gesundheit, Erfolg und positives Denken

Inhaltsverzeichnis

EINLEITUNG: DIE GRUNDLAGEN DER PSYCHOLOGIE 10

DIE DEFINITION DER PSYCHOLOGIE 12

DIE PSYCHOLOGIE ALS ÜBERZEUGUNGSKRAFT 14

DOCH WAS MACHT DIE ÜBERZEUGUNGSPSYCHOLOGIE IM EIGENTLICHEN AUS? ..16

DAZU TRETEN EINIGE ÜBERZEUGUNGSMUSTER AUF, DIE AUCH IHNEN MEHR RUM UND ERFOLG BESCHEREN: 18

COACHEN SIE REIN PSYCHOLOGISCH 20

MERKMALE DIE IHNEN DIE INNERE STÄRKE SCHENKEN: 22

DIE PSYCHOLOGIE ALS WISSENSCHAFT 24

NUN FOLGEN DIE TEILDISZIPLINEN DER PSYCHOLOGE UND WAS DAS IM EIGENTLICHEN IST 25

DIE ALLTAGSPSYCHOLOGIE 25

FARBPSYCHOLOGIE..26

DAHER GELTEN DIE FARBEN 26

DIE INTERPRETATION DER EINZELNEN FARBEN:..26

ALLGEMEINE PSYCHOLOGIE 27

DIFFERENTIELLE PSYCHOLOGIE: 27

ENTWICKLUNGSPSYCHOLOGIE 27

SOZIALPSYCHOLOGIE 28

BIOLOGISCHE PSYCHOLOGIE UND PHYSIOLOGISCHE PSYCHOLOGIE 28

PSYCHOLOGISCHE METHODENLEHRE 28

ANGEWANDTE PSYCHOLOGIE..28

MARKTPSYCHOLOGIE..28

KLINISCHE PSYCHOLOGIE..28

PÄDAGOGISCHE PSYCHOLOGIE 29

PSYCHOLOGISCHE DIAGNOSTIK..29

DIE PSYCHOLOGIE UND DIE VERÄNDERUNG DARIN 30

DIE ARTEN UND DER ABLAUF VON NEUERUNGEN 31

FREIWILLIGE VERÄNDERUNGEN: 31

Unfreiwillige Veränderungen 31
Welche Fehler laufen bei Veränderungen ab? 31
Der Schlüssel zum Erfolg sind die vorzeitigen Veränderungen 32
Probleme lösen, bevor sie schlimmer werden 32
Halten Sie sich stets alle Optionen offen 33
Verbessern Sie sich kontinuierlich 33

Die Angeber-Psychologie die das Prahlen und Protzen mit sich bringt 34

1. Diese Menschen leiden unter einer latenten Profilneurose 34
2. Der ausgeprägte Geltungsdrang 34

Es ist alles eine Form der Positionierung 35
Es gibt kein Wir 36
Eine Einarbeitung ist unnötig 37
Manche Aufgaben werden gerne delegiert 37
Es gibt immer was anzumerken 37
Fehler existieren nicht 37
Die Kritik wird überschätzt 37
Die Fehler der anderen gehören an den Pranger 38
Nichts ist unmöglich 38

Diese psychologischen Erfolgsmethoden sollten Sie kennen 39

Die Psychologie ganz für Sie 42

Ein Beispiel dazu, wo die Psychologie auf die Manipulation trifft: 43

Die theoretische und praktische Psychologie 46

Wie wenden wir gerade die praktische Psychologie im täglichen Leben an? 46

Die wichtigsten psychologischen Effekte im Überblick 48

Was macht uns Menschen menschlich? 57

Unsere Eigenschaften 58
Unser Charakter, eine menschliche Eigenschaft davon 59
Bestärken Sie Ihre Fähigkeiten 59
Demzufolge entstehen komplexe und sekundäre Eigenschaften, die sich

Mit den Fähigkeiten des jeweiligen paaren: 60
Demzufolge gibt es auch die unterschiedlichen Grundtypen der Akzentuierung: 60
Unser Temperament 62
So entstanden im Laufe der Zeit etliche Hinweise auf unsere Psyche: ... 62
Unsere Psyche zeigt aber noch ganz andere Verhaltensweisen tief in uns auf: 63
Daher stehen ergänzten Klassifizierungseigenschaften des Nervensystems parat: 63

Die Hormone und unser Verhalten 65

Folglich prägen die Hormone unseren Tagesrhythmus 66
Die Hormone bestimmen von Anfang an unsere Leben, wie die Psyche auch 68

Können psychoaktive Verhalten unsere Psyche beeinflussen? 70

Was bewirken die psychoaktiven Substanzen in uns? 70

Ist die Psychologie eine reine Frauen- oder Männersache? .. 72

Nehmen wir ein paar Beispiele dazu: 74

Die Psychologie im Beruf, oder so kommen Sie aus der Opferrolle heraus 75

Hier ein paar erste Anzeichen dazu: 75
1. Sie möchten Rache 75
2. Sie übernehmen keine Verantwortung 75
3. Sie vergleichen sich ständig mit anderen 75
4. Sie bemitleiden sich 76
5. Sie wissen nichts zu schätzen 76
6. Sie lästern 76

Vom Psychopathen zum Chef? 78

Treten Sie die mentale Stärke mit 5 Tipps für Karriere und Privatleben an 80

Lassen Sie die Vergangenheit los 80
Stärken Sie sich durch die Meditation 80

Mit positiven Menschen umgeben 80
In Maßen konsumieren 81
Geben sie niemals auf und sind dankbar 81
DIE PSYCHE UND DER KÖRPER, NUR GEMEINSAM SIND SIE STARK 82
Der Stressfaktor 82
Macht die Psyche uns wirklich krank? 83
HAT UNSER PRIVATLEBEN EINFLUSS AUF UNSERE BERUFSWAHL? 85
IST DIE PSYCHE EINE REINE KOPFSACHE? 88
DIE GRÖßTEN MYTHEN ÜBER DIE DEPRESSION 90
1. Mythos: Eine Depression ist keine richtige Krankheit 90
2. Mythos: Eine Depression trifft nur schwache Menschen 90
3. Mythos: Depressionen sind reine Kopfsache 90
4. Mythos: Depressionen werden immer häufiger 91
5. Mythos: Einmal Depression, immer Depression 91
6. Antidepressiva machen abhängig 91
TIPPS UND TRICK – WIE STABILISIERE ICH MICH SELBST? 92
Tipps zur Selbststabilisierung: körperliche Aspekte 92
Tipps zur Selbststabilisierung: Emotionale und geistige Aspekte 92
SCHLUSSTEIL 95
SCHLUSSWORT 96
IMPRESSUM 98

Einleitung: Die Grundlagen der Psychologie

Sprechen wir von der Psyche, sprechen wir von bewussten als auch unbewussten Vorgängen. Diese psychologischen Parameter beinhalten unser Verhalten und das Erlebte. Ein Puzzle, das die Einstellungen, Lebenserfahrungen und die Gesamtheit aller Meinungen aufzeigt. Damit ist ein lebenslanger Prozess entstanden, der aus den Erfahrungen, dem Lernen, dem eigenen Verhalten und dem anderer Menschen resultiert.

Dies nennt man auch Alltagspsychologie, die wir durch unsere Erziehung, unsere Eltern, Kirche und Schule impliziert bekommen haben. Im weiteren Verlauf unseres Lebens werden wir durch die Medien, das Fernsehen und das Internet manipuliert. Unsere Psyche lässt sich hervorragend lenken und leiten und das im positiven wie auch negativen Sinne.

Begeben Sie sich in die Welt der Psychologie, so können Sie Alltagssituationen besser einschätzen und in schwierigen Situationen ohne Umschweife agieren. Sie können bereits im Vorfeld reagieren und müssen nicht gleich ins offene Messer laufen, können eigene Interpretieren neu überdenken und nicht mehr den alten Mustern nacheifern. Auch wenn Sie dann mehr hinter Ihre Kulissen und die der anderen sehen, verwechseln Sie die Psyche nicht mit der Seele. Diese deutet auf die Unsterblichkeit hin und hat im Allgemeinen nichts mit der Psychologie an sich zu tun. Dabei geht es eher um Esoterik, als um das menschliche Verhalten.

Die Grundlagen der Psychologie bauen sich demzufolge in Teildisziplinen wie der Gerontopsychologie, Entwicklungspsychologie, Verhaltenspsychologie, Jugendpsychologie und Lernpsychologie auf. Dazu bringen sich ebenso die Soziologie, Geragogik, aber auch die Gerontologie in die sozialpflegerischen Bereiche mit ein. Diese Grundlagen dienen wiederum der Neurologie, Ernährungslehre und Hygiene, der Anatomie, Arzneimitteillehre sowie der Geriatrie. Alle diese

Fachgebiete umfassen im weitesten Sinne die Psychologie. Sie als Anfänger werden mit der Grundmaterie vertraut gemacht und können Ihr Wissen dann fachbezogen steigern und erweitern.

Die Definition der Psychologie

Sie beschäftigen sich mit der Psychologie? Dann haben Sie es mit der Wissenschaft der Formen und Gesetzmäßigkeiten des Erlebens und Verhaltens zu tun. Wir als Individuen lernen schon vom ersten Atemzug an, die Selbstbeobachtung zu nutzen. Die Definition der Psychologie ist nichts anderes als das, was wir tun, fühlen, denken und erleben. Es umfasst unser gesamtes Innenleben und drückt sich im Erinnern und Wahrnehmen aus. Der Mensch als komplexes Modell, der nicht wie das Tier nur seinen Instinkten folgt. Vieles, was wir im Handeln und Tun schaffen, ist für andere von außen sehr gut beobachtbar. Unser Innenleben, also unsere Psyche, dagegen nicht. Doch Sie können diese Gefühle und Gedanken sehr wohl erforschen und das mit einer Selbstauskunft des inneren Geschehens. Es wird auch Introspektion genannt, eine Selbstreflexion, wenn man so will. Diese können im wissenschaftlichen Bereich unter der Messung von elektrischen Hirnströmen, der Elektroenzephalografie, und dem Ermitteln des Blutflusses im Gehirn, der funktionellen Magnetresonanztomografie, ermittelt werden. Das bringen Sie als Laie sicher nicht zustande und es ist eher dem medizinischen Bereich zugedacht. So wird nicht nur die Psyche untersucht, sondern auch das Organ, in dem sie entsteht. Das Gehirn, das unsere Gefühle und Gedanken beinhaltet und daher sehr interdisziplinär ausgerichtet und dennoch untrennbar mit uns verbunden ist. So geht es bei der Erforschung der menschlichen Psychologie um Fakten, die sich auch mit gewissen Phänomenen beschäftigt. Aber auch Sie können die Psychologie mit den einfachen Mitteln des Lebens verstehen.

Möchten Sie nicht nur sich besser verstehen, sondern auch erfolgreicher, lebenslustiger und lebensbejahender sein, dann ist die Psychologie das Thema Nummer 1 für Sie. Meist bemerken wir zu spät, wie wichtig psychologische Vorgänge sind, was sie anrichten können und wie sie uns krank und instabil werden lassen. Alles wird von unserer Psyche geleitet, das fängt beim Erfolg und den Niederlagen an, ob es das leidige

Abnehmen ist und ob wir krank sind oder nicht. Schlechte und negative Erfahrungen verankern sich und dadurch können Missgunst und Neid entstehen. All diese Parameter und noch viel mehr spiegeln unsere Psyche wider. Man nennt es dann auch unsere Persönlichkeit, die uns so einzigartig werden lässt. Einen großen Teil bewirkt die Psyche, der Rest unseres Verhaltens ist nachgeäfft und antrainiert.

Beginnen Sie die Psychologie mit einer Art Selbstreflexion und werfen Sie zuerst einen Blick in Ihr Inneres. Es ist nicht immer vertraut und manchmal sehr suspekt, aber all diese Facetten, ob positiv oder negativ, gehören zu Ihnen. Die Selbstbeobachtung ist somit die Definition des eigenen Ichs und die Psychologie präsentiert Ihnen dies jeden Tag aufs Neue. Eine Selbsterkenntnis, die zu neuen Ufern führt, Ihr Leben bereichern wird und vieles in einem anderen Licht darstellt. Die eigene Selbstbeobachtung, die Introspektion, zeigt auch Ihnen die neuen Wege im Leben auf. Das Erlebte zu explorieren bedeutet demzufolge, sich zu untersuchen, zu erkunden und zu erforschen. All das ist die Psychologie, die den Motiven der Wahrnehmung folgt. Eines ist nach dem Stand der Dinge klar: Es kann nicht alles wissenschaftlich erfasst werden, einiges im individuellen Verhalten müssen Sie noch selbst herausfinden. Denn wer kennt Sie besser als Sie sich selbst? Leiten Sie daher Ihr Verhalten nicht nur von Ihrem Tun und Handeln ab, sondern beziehen Sie die sprachlichen Äußerungen von Gefühlen der Mimik mit ein und lassen Sie das Gebärdenspiel, die Gestik, niemals außen vor. Beobachten auch Sie Ihr Verhalten und das ganz direkt. Was ist angeboren, antrainiert und welches Fehlverhalten schleicht sich ein? Wer sich selbst am besten kennt, der kann die Psychologie und ihre Vorteile optimal im Beruf und Alltag verwenden. Nun stehen Ihnen viele aufschlussreiche Themen bereit, die Ihnen die Psychologie für Anfänger verdeutlichen und aufzeigen, damit Sie gewissenhaft, zielstrebig und mit dem Blick nach vorne gerichtet durch das Leben gehen.

Es gibt Menschen, die stellen einen Fels in der Brandung dar und wirken mit einer gewissen Überzeugungskraft. Möchten Sie erfolgreich sein und die Karriereleiter erklimmen, dann kommt Ihnen die Methode ganz recht. Manche Menschen könnten einem schon mittels ihrer Ausstrahlung ein totes Pferd verkaufen. Und genau das können Sie auch, denn Sie ziehen die anderen Menschen psychologisch gesehen in Ihren Dunstkreis. So ist die Psychologie für jeden von uns eine besondere Sache und wir lernen schnell, warum jemand so handelt oder Angst hat. Ein Teil steckt in unserem angeborenen Verhaltensmuster. Auch unsere Vorfahren, wie die Großeltern und Eltern, haben ein Stück weit mitzureden. So sind wir, wie wir sind, und sehen das Gehirn nicht mehr als das unsichtbare Organ an. Es entscheidet über Niederlage und Erfolg und Letzteres sollten auch Sie anstreben. Also leisten Sie ab jetzt mehr Überzeugungskraft, dann schwimmen Sie nicht mehr mit der breiten Masse mit, sondern heben sich als Individuum ab. Möchten Sie von Anfang an überzeugen, dann bringen Sie zur Psychologie die Sprachanalyse mit ein, denn Ihre Stimmlage und Ihr Sprachtempo beeinflussen das Gegenüber ungemein. Sprechen Sie daher eher langsam und nicht schnell und bringen bewusst kleine Pausen im Redefluss mit ein. Das goldene Mittelmaß der Kommunikation sozusagen, auch das ist die besagte Psychologie. Können Sie sich an den Wochenmarkt erinnern, als Sie noch ein Kind waren? Die Händler boten die Waren lauthals an, und ob man es brauchte oder nicht, kurze Zeit später war das Unbrauchbare im Beutel verstaut. Das nennt man Verkaufspsychologie: Sachen an den Mann oder an die Frau zu bringen, die eigentlich keiner haben will. Diese Menschen verstehen ihr Geschäft und setzen bewusst im tiefen Inneren des Kunden an. Bei Männern macht es zudem die tiefere Stimme aus, die uns psychologisch ganz vereinnahmt. Wir lassen uns genau durch solche menschlichen Aspekte in die Irre führen. Gebraucht hätten wir den Sparschäler mit Zubehör nicht. Doch Verkäufer, Manager und Chefs wenden gerne die psychische Überzeugungskraft an, möchten sie doch was bewirken und bewegen. Darauf setzt die heutige Gesellschaft an.

Sozialwissenschaftler wissen, wovon die Rede ist: von Menschen, die sich und ihr Innerstes bestens präsentieren. Sie vereinnahmen einen, sie bestechen einen und sie ziehen uns in ihren Bann und das kann im Guten wie im Schlechten sein. Wer seine eigene Psyche nicht in den Schatten stellt, der gibt sich mehr Raum und Zeit. Gerade unsichere Menschen wissen nicht, wie es um ihre psychischen Fähigkeiten steht. Sie wägen nicht ab und fühlen sich nicht in das Gegenüber ein. Somit leisten sie auch keine Überzeugungskraft. Wer wirken will, muss präsentieren und repräsentieren, und zwar sich selbst. Von der Stimme bis hin zur Rhetorik, der Redekunst, von der Motivation bis hin zur Manipulation. Das Gesamtpaket eben, um erfolgreich zu sein. Lassen Sie dabei niemals die Körpersprache außen vor. Diese Parameter spiegeln unsere Psyche wider und lassen uns einfach und gekonnt überzeugend wirken. Wer die Variationen der Stimmlagen beherrscht, sich lebhaft gibt und seine Psyche wirkungsvoll mit einbringt, der kann in vielen Bereichen Erfolg säen. Jeder von uns lässt sich in gewisser Weise manipulieren. Wir haben damit Einfluss auf andere und werden positiv wahrgenommen. Daher ist die Psyche unter anderem das wichtigste Instrument, um an die Macht zukommen.

Möchten Sie im Beruf erfolgreich sein, so treten Sie mit einer überzeugenden Kommunikation an. Die ist weder eine seltene Gabe noch von reinem Zufall bestimmt und auch nicht den Auserwählten rein zufällig in die Wiege gelegt. Rhetoriker wissen, wovon die Rede ist, sie reden mit Engelszungen auf einen ein. Genau diese Form der Redekunst ist auf den psychologischen Aspekt der verbalen Kommunikation aufgebaut. Schon so manch kritisches Publikum wurde überzeugt und der Redner verließ unter Beifall und Jubel den Saal. Die Überzeugungspsychologie ist sehr facettenreich, denn hier haben Sie das Ass im Ärmel. Wie schnell lassen sich Menschen auf Ideen und Vorschläge ein, ohne nur im Geringsten darüber nachzudenken. Genauso schnell wird man über den Tisch gezogen. Wir haben uns überzeugen lassen und unsere Psyche nicht in das Geschehen mit einbezogen. Das liegt ebenso an unseren jahrelang anerzogenen Verhaltensmustern. Sie bringen uns dazu, Dingen entweder zuzustimmen oder sie abzulehnen. Ein ziemlich verzwicktes Gesamtkonzept, das wir als Individuum darstellen. Dennoch können wir uns die Überzeugungskraft zunutze machen und uns ganz auf die psychischen Aspekte einstellen. Lesen Sie sich und die anderen und nutzen Sie Ihr Know-how. Sie werden feststellen, das Gegenüber wird erstaunt sein. Wer im psychischen Sinne agiert, kann Menschen lesen und leiten. So, wie sie reagieren, erhalten Sie auch eine prompte Antwort, und dabei schwingt die Manipulation schön mit. Es gibt Menschen, die überzeugen einfach, ohne ihren Worten sinngemäß zu lauschen. Genau dazu sollten auch Sie gehören. Tarnen und Täuschen ist angesagt und Sie ziehen alle in Ihren psychologischen Bann. Bedenken Sie aber auch, ein Quäntchen Sympathie sollte nie fehlen. Die kleinen Marotten und Eigenheiten, die uns so sympathisch machen. Demzufolge kann man viele unbekannte Herzen gewinnen und die Psychologie hat mit ihren vielfältigen Untertanen gesiegt.

Doch was macht die Überzeugungspsychologie im Eigentlichen aus?

Vieles davon hängt von unserem Verhalten und Selbstbewusstsein ab. Wie betrete ich einen Konferenzraum, mit welcher Körperhaltung trete ich auf und wie beeinflusse ich Menschen im positiven wie im negativen Sinne? Dabei treten viele sehr wesentliche Parameter auf, um psychologisch gesehen das zu erreichen, was Sie wollen. Die meisten Menschen sind gut händelbar und so auch beeinflussbar – vielleicht, wie Sie es einmal waren. Kaum hatte einer im Raum eine gute Idee, waren Sie gleich Feuer und Flamme dafür. Und warum? Sie wollten sich zu dieser Sache keinen Kopf machen und die Verantwortung im Vorfeld abgeben. Hätten Sie die Überzeugungspsychologie gewählt, hätten Sie nun das Zepter in der Hand. Nur mit den kleinen Schritten gelangen Sie ans Ziel. Nutzen Sie Ihre Kompetenz und Ihren Redefluss, eben Eigenschaften, die Sie als Menschen auch ausmachen. Treten Sie in allen Lebenslagen souverän auf, das schindet nicht nur Eindruck, vielen von uns imponiert das auch. So unterstreichen Sie auch Ihre Argumente, Ihr Anliegen und das, was Sie eigentlich mitteilen wollen. Gehen Sie auch nicht gleich mit Vollgas heran – in der Ruhe liegt die Kraft, und das macht jede Kommunikation, im beruflichen wie privaten Bereich, deutlich entspannter.

Einige von uns denken, wer intelligent ist, bringt es mal weit im Leben. Das kann gut möglich sein, doch hat dieser Mensch sich die Psychologie nicht zum Freund gemacht, kann er auch im Vorfeld sang- und klanglos untergehen. Intelligenz hat nicht immer mit Erfolg zu tun, die Menschenkenntnis schon. So, wie Sie sich mitteilen, werden Sie auch wahrgenommen. Dann heißt es auch bei Ihnen: Er kam, sah und siegte. Begeben Sie sich immer in eine Rolle, die gefällt, bleiben Sie ehrlich und konsequent und verbiegen sich nicht. Sonst ziehen Sie nur ein Schmierentheater ab. Nehmen Sie an einem mentalen Training teil und eruieren Sie Ihre Stärken und Schwächen. Auch das hat mit der bekannten Psychologie zu tun. Es ist das wissenschaftliche Geheimnis in uns, das unsere nervlichen Impulse, die Konzentration und die körperliche Bewegung sehr stark einbezieht. Wer überzeugen kann, der kann Menschen leiten und führen. Die Führungskräfte und auch Sie lernen täglich an den psychologischen Herausforderungen dazu, ob in der Motivation, der Körpersprache, der Rhetorik, dem Manipulieren und dem, was diesen einen Menschen ausmacht. Er hat sich die Psychologie zunutze gemacht und das mit allen Sinnen. Er lebt davon und das nicht schlecht, kann sich durchsetzen und neue Wege aufzeigen. Ein bisschen Courage und Charme sollten demzufolge auch nicht fehlen. Sicher wurde diesem Menschen nicht alles in die Wiege gelegt. Er hat es sich antrainiert, sich verbessert und ist so manches Mal ins kalte Wasser gefallen. Ein Stehaufmännchen, das in jeder Niederlage auch einen Erfolg sieht.

Bleiben Sie am Ball und legen Sie im psychologischen Sinne zu, und das nicht nur, um zu gefallen, sondern um es Ihnen in vielen Bereichen einfacher und bequemer zu machen, Dinge im Vorfeld zu erkunden und nicht im Nachhinein dumm aus der Wäsche zu schauen. Genau das macht die Strategie in uns aus. Sich unser Inneres zunutze machen und sich durch einen psychologischen Effekt von allen anderen abheben. Ihre Signale stehen auf Grün, also seien Sie bereit dafür. Jeder hat mal klein angefangen, und es kommt auf Sie an, was Sie aus jeder Situation machen. Mit vielen dieser Wirkmechanismen erreichen Sie das, was Ihnen ohne die Psychologie verborgen bleibt. Stupide und starr vor sich hinarbeiten hat noch keinen in die erfolgsorientierte Laufbahn gebracht. Viele Manager überzeugen mit einem gewissen Standardwissen und doch liegt ihnen der Erfolg zu Füßen, denn sie manipulieren und verwenden Marketinginstrumente. Sie nutzen das Zeitalter des Internets, wirken ganzheitlich auf die Masse ein und breiten sich strategisch gut vor. Alleine das überzeugt uns Menschen, denn, wenn wir ehrlich sind, möchten wir auch gerne überzeugt werden.

Dazu treten einige Überzeugungsmuster auf, die auch Ihnen mehr Rum und Erfolg bescheren:

1. Reciprocation, die Wechselwirkung: Wenn Ihnen jemand etwas gibt oder Ihnen einen Gefallen tut, ist es sehr wahrscheinlich, dass Sie im Gegenzug das tun, was der andere verlangt.
2. Consistency: Es gibt Menschen, die haben einen regelrecht in der Hand und können uns zu einer ungewollten Zusage bringen, und wir sehen es als unsere Entscheidung an, auch wenn wir manipuliert wurden. Das liegt daran, dass wir psychisch stark beeinflusst wurden.
3. Social Proof: Fühlen Sie sich unsicher, machen Sie das, was andere um Sie herum tun. Sie wollen nicht auffallen und lassen sich rein psychologisch gesehen von den anderen vereinnahmen.
4. Liking: Gerne machen etwas für Menschen, die Sie gut leiden können oder die Ihnen sehr ähnlich sind. Man fühlt sich Ihnen auf der psychischen Ebene stark verbunden.
5. Authority: Sicher sind auch Sie eher dazu geneigt, Menschen und Institutionen, wie Vorgesetzen, Polizisten oder Ärzten, eher eine Zusage zu machen als Personen, die mit weniger Machtausstrahlung gesegnet sind.
6. Scarcity, der Mangel: Gerade die seltenen Gelegenheiten und begrenzten Verfügbarkeiten erscheinen Ihnen als

begehrenswert.

Viele dieser punktuellen Strukturen setzen wir gerade im Geschäftsleben Tag für Tag ein, ohne es wissentlich zu bemerken, denn so einiges läuft im Verborgenen und Unwissentlichen ab. Wer sich aber die Psychologie zunutze macht, der ist an der Macht. Der nimmt an der Entwicklung neuer Geschäftsmodelle teil, dem Business Development, und leistet hervorragende Arbeit durch seine Überzeugungskraft. Möchten Sie aussichtsreich sein, dann machen Sie sich die Psychologie zunutze, dann stehen auch Ihre Segel auf Erfolgskurs.

Es gibt Menschen, die lesen von unseren Lippen ab, da sie uns vertrauen. Sie müssen demzufolge kein Coach sein, um Ihre professionelle, fundierte und zielgerichtete Meinung abzugeben. Jeder sucht mal Rat und wir stehen diesem Menschen dann zur Seite. Nun klingt das alles sehr manipulativ, was es im Wesentlichen auch ist. Doch jeder kennt es, wenn man nicht mehr weiterweiß und nicht mehr weiß, was man will. Nicht immer ist eine Therapie vonnöten, oft reicht auch schon ein psychologisches Selbstcoaching aus. Entweder man vertraut sich einem Seelenverwandten an, oder man nimmt sein Glück selbst in die Hand. Das geht einfacher als gedacht. Nehmen wir die Psychologie als menschliches Werkzeug in Betracht.

Schnell kommen wir in unserem Leben an unsere Grenzen, ob bei der Lebensplanung an sich, in der Beziehung oder im Job. Uns fehlt gerade die Kraft, unsere eigenen Ressourcen zu aktivieren. Ebenfalls haben wir unsere Psyche ganz tief in uns versteckt. Doch genau sie hilft uns aus so manchem Schlamassel wieder heraus. Beginnen Sie bei einer Krisenbewältigung immer bei sich selbst. Lassen Sie das Umfeld mal Umfeld sein. Coachen Sie sich in dem, was Ihnen liegt, und welchen Weg Sie gehen möchten. Führen Sie Selbstgespräche oder sprechen mit der Person Ihres Vertrauens, auch das kommt auf ein Coaching hinaus. Sie möchten motiviert werden und das Vertrauen in Ihre Fähigkeiten wieder fassen. Land gewinnen und Ihre Bedürfnisse erkennen. Das funktioniert nur, wenn Sie Ihre Psyche einbeziehen. Ob bei der Selbstfindung oder Trauerbegleitung, lassen Sie die Psyche niemals außen vor. Sonst entsteht ein nicht mehr auszuhaltender Leidensdruck und schnell driftet man in eine Depression oder ein Burnout ab. Hier heißt es dann Hilfe zur Selbsthilfe, um die Regeln der Psychologie zu verstehen. Aber bitte, es stehen auch ausgebildete Psychotherapeuten und Psychologen parat, wenn Sie eine Abwärtsspirale Ihrer Gedankenwelt bemerken. Einige von uns coachen sich aber auch selbst. So auch bei Konflikten und dem

Hinausschieben von Dingen, die wir nicht gerne tun. Da kommt der Psyche die Konsequenz zugute. Sie lässt uns mit der Struktur und Disziplin schnell wieder an die Oberfläche gleiten. Lassen Sie daher Fehler und andere Meinungen zu, nur gehen Sie damit nicht gleich unter. Filtern Sie das Gute daraus und machen sich das Negative zunutze. Auch Ängste, Kummer und Sorgen sind mit der gewissen Selbstdisziplin einfacher zu bewältigen und hier spielt die Psyche eine übergeordnete Rolle. Automatisch suchen Sie nach einem Lösungsprinzip und coachen sich gleich selbst. Du kannst es, du schaffst es und du willst es, so Ihr Motto. Dazu braucht es keine spezifische Qualifikation, sondern Menschenverstand. Ein ausgebildeter Coach muss noch lange nicht das Maß aller Dinge sein. Im Übrigen coachen wir uns täglich selbst, um das zu erreichen, was wir wollen.

Die Psychologie ist ein guter Ratgeber, öffnet uns Tür und Tor und vereint uns mit uns selbst. Wir lernen von ihr die Achtsamkeit, die Motivation und sie macht das Leben lebenswert. Sie schenkt uns zugleich Verhandlungsspielraum und zeigt uns Erfolge auf. Auch in unserer Partnerschaft ist die Psychologie ein wichtiger Teil. Wir verstehen uns ohne Worte, leben glücklich und bewusst und wissen vor dem ausgesprochenen Wort, was der andere denkt. Das könnten wir nicht, wenn wir uns vor der Psychologie verschießen würden. Dann treten wir eher wie der vielbesagte Elefant im Porzellanladen auf. Man muss daher kein Psychologe sein, um sich und andere zu verstehen. Man lernt die Psychologie vom ersten Tag an. Nur haben wir sie uns schon lange nicht mehr zu eigen gemacht. Doch nur so kommen wir im Leben weiter und erreichen das, wonach wir streben. Wer sich und seine Gedanken im Zaum hält und in anderen Menschen lesen kann, hat es weitergebracht, als er denkt.

Motivieren Sie sich und freuen sich auch mal wie ein kleines Kind, ohne Ihr Ziel aus den Augen zu verlieren. In der Alltagspsychologie stehen Sie schon lange Ihren Mann, denn Sie sind mit allen Wassern gewaschen. Sie wissen, was andere denken, kennen Ihr Innenleben in- und auswendig und können auch hin und wieder kindisch sein. Das macht Sie als

Menschen aus und noch viel mehr. Wer nur denkt, die Leistung zählt, der irrt. Ihre Psyche zeigt den Weg auf und leitet Ihre Gedankenwelt und treibt Sie somit auch niemals in eine Sackgasse. Seien Sie sich dessen immer bewusst. Coachen Sie sich selbst und sehen Ihre Psyche nicht als Feind an. Dann stehen Sie auf der Gewinnerseite und gelten als Mensch, der auch seine Ecken und Kanten aufweist. Mitläufer hat die Welt schon mehr als genug.

Coachen Sie daher immer sich und Ihre Fähigkeiten und trainieren Sie Tag für Tag Ihr Selbstwertgefühl. Beginnen Sie mit dem „Ich kann“ und nicht mit dem „Was habe ich nicht erreicht“. Motivation ist dabei ein guter Begleiter, der Ihnen mit Rat und Tat zur Seite steht. Die Motivation vereint sich mit den psychologischen Vorgängen und gilt als eine sehr gute Stütze. Nur Sie helfen sich und nur Sie können die großen Wunder in sich bewirken. Dabei entsteht ein Selbstwertgefühl und Sie tragen zu Ihrer inneren Stärke bei.

Merkmale, die Ihnen die innere Stärke schenken:

Glauben Sie an sich: Wer an sich glaubt, ist stark und hat psychologisch gesehen die Oberhand. Sie handeln nicht nach Lust und Laune, sondern mit Herz und Verstand. Sie lassen sich nicht leiten, Sie leiten und drücken das durch Ihre Körperhaltung aus. Sie repräsentieren sich und stehen dadurch imposant im Rampenlicht, denn Sie haben das Zepter in der Hand, da Sie an sich glauben.

Sie können sich in andere hineinversetzen: Auch das ist Teil der Psychologie. Wie denken andere, wie fühlen andere und bin ich empathisch und freue mich und leide auch mit? Wer Gedankengänge lesen kann, der kann auch hier von einem Heimvorteil sprechen.

Sie lieben sich: Wer mit sich zufrieden ist und sich liebt, der strahlt das auch aus. Andere werden psychisch von Ihnen eingenommen und das im rein positiven Sinne gesehen.

Sie sind erfolgsorientiert: Menschen, die eine ausgeglichene und willensstarke Psyche aufweisen, sind erfolgreicher. Diesen Menschen ist kein Weg zu weit und kein Abhang zu steil. Sie bewältigen die Hürden, als sei es ein Kinderspiel.

Sie sind belastbar: Wer psychisch angeschlagen ist, kann keinen Erfolg aufweisen. Sind Sie aber psychisch belastbar, kann eine große Last auf Ihren Schultern liegen und Sie stemmen die schweren Aufgaben, die Ihnen zugeteilt sind.

Wer sich coachen kann und die eigene Psyche als ein kleines Wunder ansieht, der ist mit sich im Reinen. Nutzen Sie die Gelegenheit, Ihre Stärken und Schwächen zu eruieren und eine Art innere Inventur zu starten. Nach dem Motto: Was ist gut und was ist schlecht an mir.

Wir waren schon immer neugierig auf uns selbst und nicht auf das Drumherum, von dem wir umgeben sind. Die Psychologie gibt es so lange, wie es die Menschheit gibt. Sie wurde im Laufe der Zeit entdeckt, erforscht und sie brachte viele Fragen mit sich. Gibt es den Geist oder die Seele? Oder ist beides miteinander vereint? Ist unser Verhalten rein physikalisch zu erklären? So tauchten auch die Fragen auf, ob unser Verhalten vorbestimmt ist oder unserem freien Willen unterliegt. Ist es vererbt oder wie viel Einfluss nehmen andere darauf ein? Oder sind wir einfach nur unseren menschlichen Trieben unterlegen? All das wurde im Laufe der Menschheit erforscht, und man kam zu dem Entschluss, dass unsere Psyche den Genen und dem eigenen Ich unterlegen ist. So stellt jeder von uns eine persönliche Einzigartigkeit dar, die durch das Erlebte und das Verhalten zum Vorschein kommt.

Die Grundrichtungen der Psychologie kommen dann wie folgt zustande, und es ist eine Wissenschaft, die erläutert werden möchte.

Unser Verhalten ist objektiv und eine Art, sich auf subjektive Weise zu verständigen. Dieses Verhalten zeigt auch so seine Eigenheiten auf und geht nicht nur mit dem Lesen und Schreiben hervor. Wir kratzen uns am Kopf und gähnen, wenn wir unsicher sind, oder wir runzeln einfach mal die Stirn. Zu unserem Verhalten zählen aber auch die körperlichen Vorgänge, die sich mittels etlicher Messinstrumente messen lassen. Folglich sagen die Gehirnströme, der Puls und auch der Blutdruck viel über einen aus.

Das Erleben ist alles Subjektive und lässt sich an der eigenen Person und dem Unmittelbaren beobachten. Dieses Erleben drückt die Erinnerung, Wahrnehmung, das Denken, Gefühlsempfinden und Vorstellen aus und ist tief in unserem Bewusstsein verankert.

- Entweder müssen wir nun **vom Verhalten auf das Erleben**

schließen oder wir müssen Menschen nach ihrem **Erleben befragen.** Beide Varianten können dann zu Missverständnissen führen.

- Oder aber wir gehen davon aus, dass Menschen Erlebtes ähnlich deuten wie wir selbst. Dies dient der **Selbstbeobachtung** und Reflexion. Diese Methode kann aber sehr fehleranfällig sein und ist als wissenschaftliche Methode nicht zugelassen. Sigmund Freud hat seine Traumdeutung allerdings zu großen Teilen auf der Grundlage der Analyse der eigenen Träume geschrieben. Heute würde das in der Form wohl nicht mehr akzeptiert.

Das Problem, dass Erleben sich nicht direkt beobachten lässt, begleitet die Psychologen und die Psychologie seit Langem. Die einen meinen, es gebe die Verhaltenspsychologie, die anderen denken, die Erlebenspsychologie sei das Nonplusultra. Demzufolge scheiden sich die Geister und der wahre Kern bleibt dahingestellt.

Nun folgen die Teildisziplinen der Psychologie und was sie im Eigentlichen sind

Die Psychologie gliedert sich in unterschiedliche Teilbereiche und wird durch die Geschichten, Perspektiven und Forschungstraditionen gegliedert. Es geht im Wesentlichen um das Verhalten und Erleben. So wurden die unterschiedlichen Erkenntnisse gesammelt und zusammengetragen und die wichtigsten Teilgebiete kurz vorgestellt:

Die Alltagspsychologie

Wer kennt sie nicht, machen wir doch tagtäglich Erfahrungen mit anderen. Genau darauf ist die Alltagspsychologie ausgelegt. Sie wird auch als die Psychologie für jedermann interpretiert. Erst vor ca. dreitausend Jahren wurde mit dieser Form der Umgangssprache begonnen. Unsere inneren Regungen und Vorgänge werden ausgelebt. Unsere inneren Mechanismen werden aktiviert und wir reflektieren andere dabei. Das beruht auf der Lebensbewältigung und dem Selbst- oder Eigenerlebten. Der Alltag ist in unserem Leben vorherrschend und so wendet jeder von uns die Alltagspsychologie an. Ob bewusst oder nicht, sei dahingestellt.

Nicht jeder von uns ist mit der Psychologie vertraut und dennoch wendet er sie an, sie stellt ja auch einen großen Teil von uns dar.

Farbpsychologie

Wie wirken sich eigentlich Farben auf unsere Psyche aus und sind Farben wirklich nur Farben? Nein, sind sie nicht, denn sie bewirken das Positive wie auch das Negative in uns. Sie können Emotionen auslösen sowie uns besänftigen oder aggressiv machen. Seit jeher ist Rot eine Signalfarbe und warnt uns, sie ist aber auch ein Zeichen für die Verliebtheit. Das rote Herz lässt Bände sprechen. Demzufolge wurde fast allen Farben eine Bedeutung im Laufe der Jahrhunderte zugesprochen. Schwarz ist der Tod und Weiß ist der Frieden. Farben ziehen uns im Einrichtungsstil wie auch im Kleidungsstil magisch an und wir leben mit vielen Farben teilweise unbewusst. Doch die Psyche speichert alle Farben ab und verbindet damit Erlebtes, Vertrautes und Angst. Farben dienen demzufolge der Psychologie und Persönlichkeitsdiagnostik. Ihre Lieblingsfarbe spiegelt dabei Ihr tiefstes Inneres wider. Angrenzend wurde auch die Lüscher-Color-Diagnostik überholt sowie überarbeitet, und dies ermöglicht uns Einblicke in die Stressverträglichkeit, in unser Selbstbild, unsere Leistungskraft und in unsere Zukunftserwartungen. Diese Erkenntnisse werden dann im Produktdesign, in der Medizin und der Personalentwicklung eingesetzt.

Daher gilt die Farbe

- **Rot** als aufmerksamkeitssteigernd
- **Gelb** als heiter
- **Grün** als beständig
- **Blau** als beruhigend

Die Interpretation der einzelnen Farben:

- **Rot:** Selbstbewusstsein und Stärke, Vitalität und Leidenschaft, Aktivität und Dynamik, Konkurrenz, Erotik
- **Blau:** Ruhe, Zufriedenheit und Ausgeglichenheit, mehr Wohlbehagen und Harmonie, Empathie und Nachdenklichkeit

wie auch die Bindung an sich

- **Gelb:** Entfaltung, Freiheitsstreben und Neugier, die Offenheit und Spontaneität, Kreativität
- **Grün:** Würde, Selbstachtung und Stabilität, Ausdauer und Ehrgefühl, Autorität, Geltungsanspruch und Durchsetzungsvermögen
- **Pink:** Sensibilität und Einfühlungsvermögen, Faszination und Charme, Hingabe, Kritiklosigkeit und Geheimniskrämerei
- **Schwarz:** Rücksichtslosigkeit, Leistungswillen, Unnahbarkeit, Ernst, Intoleranz, Zwang und Auflehnung
- **Braun:** Genuss und Sinnlichkeit, Sanftmut und Wärme, Bequemlichkeit und Einfallslosigkeit
- **Grau:** Distanz und Neutralität, Gleichgültigkeit, Bezugslosigkeit und Abschirmung

Allgemeine Psychologie

Diese Form sucht nach Regeln, Gesetzen sowie dem Erleben und Verhalten. Daher sind die Handlungssteuerung, das Lernen, Gedächtnis, die Motivation, Emotion, Bewegung und das Denken ein Teil davon.

Differentielle Psychologie

Hier liegt der individuelle Unterschied im Erleben und Verhalten und bildet demnach das Konzept der Persönlichkeit. So wird anhand verschiedener Ergebnisse das Gesetz der allgemeinen Psychologie differenziert. Diese bezieht die Persönlichkeitszüge, die Intelligenz, Kreativität, aber auch die Ängstlichkeit und Aggression eines jeden mit ein.

Entwicklungspsychologie

Es werden Themen aufgegriffen, die der allgemeinen und differentiellen Psychologie dienen und die Entwicklungspsychologie als solche einbeziehen. Die Entwicklung des menschlichen Verhaltens und Erlebens, aber auch die biologischen Aspekte und die Umweltfaktoren werden mit eingebracht. All diese Faktoren können über das Lebensalter hinweg beeinflussen und unser Leben demzufolge im Positiven, aber auch im

Negativen bestimmen.

Sozialpsychologie

Es geht vorrangig um die zwischenmenschliche Umwelt und das Verhalten und Erleben in der menschlichen Psychologie. Er handelt sich zum einem um allgemeinpsychologische Themen im sozialen Kontext und um die soziale Wahrnehmung.

Biologische Psychologie und physiologische Psychologie

Das Erleben und Verhalten basiert auf der biologischen Grundlage, die aus Neurotransmittern, Genen und Hormonen besteht. Das kommt unserer Evolution gleich und bezieht viele Faktoren der Psychologie ein, die aus den unterschiedlichen Teildisziplinen entstehen. Vieles läuft auch unter dem Oberbegriff der Neurowissenschaften.

Psychologische Methodenlehre

Mithilfe von Forschungsfragen werden z.B. gültige Schlussfolgerungen untersucht und dabei bestimmte Verfahren entwickelt, die zu Forschungsstudien dienen.

Angewandte Psychologie

Dieser Begriff steht für eine Reihe von Teildisziplinen, in denen die Erkenntnisse der allgemeinen, differentiellen, Entwicklungs-, Sozial- und biologischen Psychologie auf bestimmte und klassische Berufsfelder von Psychologen angewendet werden können. Darunter können auch die **Arbeits-, Betriebs- und Organisationspsychologie** fallen, die sich im Wesentlichen mit dem menschlichen Verhalten und Erleben im Kontext von Arbeit und Wirtschaftsunternehmen darstellen.

Marktpsychologie

Hier wird im rein wirtschaftswissenschaftlichen Sinn geforscht, der das Verhalten und Erleben des Menschen als Teilnehmer am Markt inspiziert.

Klinische Psychologie

Demgemäß werden das Erleben und Verhalten und seine Ursachen im pathologischen Bereich untersucht.

Pädagogische Psychologie

Diese Teildisziplin bezieht die Erziehung, die Schule und die Bildung ein.

Psychologische Diagnostik

Es werden die Unterschiede in Verhalten und Erleben herausgearbeitet und unter individuellen Bedingungen untersucht und herausgefiltert.

Demzufolge widmet sich die Psychologie einem breitgefächerten Thema und weist noch kleine Anwendungsfächer auf:

Die **forensische Psychologie**, **Rechtspsychologie**, **Verkehrspsychologie**, **Wehrpsychologie**, **Sportpsychologie**, **Ernährungspsychologie**, **Gesundheitspsychologie** und **Umweltpsychologie**.

Wir leben alle mit Ängsten, Selbstzweifeln und den Veränderungen darin. Bei einer Veränderung weiß niemand so genau, worauf er sich eigentlich einlässt, und genau das schürt die Angst. Angst vor dem Ungewissen, das Richtige oder Falsche zu tun, und vor dem Versagen. Trotzdem kann es ein positiver Wandel sein, und dennoch sagen viele von uns: nein, danke. Veränderungen sehen einen Entwicklungsstand vor und auf diesen ist unsere Psyche nicht ausgerichtet, war sie doch seit Langem dem Gewohnheitsprozess unterzogen. Dennoch sind die Veränderungen im Leben das A und O und auch das Salz in der Suppe. Sonst wäre unser Leben nur noch eintönig und langweilig. Einige von uns mögen aber genau das, denn sie möchten ihren Sicherheitsstandard des Status Quo nicht verlieren. Unsere Welt dreht sich nicht nur ständig, sie verändert sich und wir gleich mit. So müssen auch Sie eine Veränderung in Ihrem Leben zulassen.

Manches Mal können wir bei einer Veränderung nicht mehr klar denken, denn unsere Psyche streikt und blockt alles Gute ab. Ein Umzug, ein Neuanfang, eine berufliche Orientierung, all das stresst dann ungemein. Die Angst zu versagen und nicht in die richtige Richtung zu schweifen. Lieber schieben wir die Veränderung auf. Dennoch stehen schon viele Veränderungen vor der Tür und die klopfen von heute auf morgen bei Ihnen an, ob Sie wollen oder nicht; viele Veränderungen stehen einfach vor der Tür. Nur treten die negativen Erfahrungen auf, die das Unterbewusstsein präsentiert. Sind wir nicht ohne die großen Veränderungen besser gefahren? Sicher nicht, denn dann wären Sie nicht da, wo Sie jetzt sind. Seien Sie stolz auf sich und werfen nicht gleich den Anker über Bord. Eine schlechte Erfahrung, die eine Veränderung mit sich bringen kann, muss noch lange kein lebenslanges Mahnmal sein. Haben Sie Ihre Psyche im Griff, so ist auch Ihr Selbstbewusstsein gestärkt und Sie arbeiten an sich und überwinden sich. Demzufolge muss Ihr Glaube in die richtige Richtung deuten. Ich kann das, ich schaffe das und ich will das.

Dann sehen Sie jede Veränderung als eine positive Chance an.

Die Arten und der Ablauf von Neuerungen

Spielt uns hier nicht schon die Psyche einen Streich? Sagen wir es mal so, es kommt auf die Art der Veränderung an, und die kann freiwillig oder auch unfreiwillig sein. Die eine Kategorie ist angenehm, die andere wiederum nicht. Lassen Sie sich bei allen Veränderungen motivieren und legen sich ins Zeug. Agieren Sie dabei positiv und nehmen Sie auch das Schicksal an. Vieles ist tiefgründig in unserer Psyche verankert und auch diese lässt sich hin und wieder überlisten. Wie unterscheiden sich die Veränderungen und wie gehen wir damit um?

Freiwillige Veränderungen

Die Arbeit macht keinen Spaß, die Beziehung ist eintönig und festgefahren und Sie wollen das Studium vorzeitig beenden. Dies ändern Sie mehr oder weniger aus dem freien Entschluss heraus. Sie sind begeistert von Ihrem neuen Lebensziel und nehmen solche Veränderungen dankbar an.

Unfreiwillige Veränderungen

Eine Veränderung, die sein muss, ob man will oder nicht. Das kann ein befristeter Arbeitsvertrag, ein zwangsläufiger Jobwechsel bedingt durch eine Insolvenz sein, die Sie argwöhnisch und mit großer Ablehnung betrachten. Sie kommen dieser Situation nicht aus und müssen sich psychisch überwinden. Die festgefahrenen Strukturen sind dahin, die Ihnen die Sicherheit und den Halt geben. Ziehen Sie auch aus einer unfreiwilligen Veränderung immer Ihren Vorteil. Sie müssen sich nichts schönreden, nur im Einklang mit sich sein.

Welche Fehler laufen bei Veränderungen ab?

Selbst Sie müssen in Ihrem Leben hin und wieder Ihre Komfortzone verlassen und begeben sich dann auf dünnes Eis. Auch wenn es Ihr Bereich ist, in dem sich die Zweifel und Probleme in Grenzen halten. Nicht alles lässt sich im Leben vorbestimmen und kontrollieren. Selbst unsere Psyche hat nicht immer Einfluss darauf, doch sie kann Ihnen den neuen

Weg aufzeigen, denn nicht immer bleibt alles beim Alten. Bleiben Sie für Veränderungen offen und sind diesen erst einmal wohlgesonnen. Aus diesem Grund treten bei den wenigsten von uns große Veränderungen auf, außer man wird dazu gedrängt. Des Weiteren wird zu viel aufgeschoben und die Angst geschürt, ob man sich auch wirklich jetzt verändern will. Ignorieren Sie Veränderungen nicht, das könnte der Fehler Ihres Lebens sein. Selbst eine Neugestaltung hat ihre schönen Seiten und zeigt Ihnen viele Inhalte des Lebens neu auf. Psychologisch gesehen stellen Veränderungen für viele Menschen erst einmal eine Sackgasse dar. Sie verlieren die Kontrolle über sich selbst und verbreiten Angst und Panik. Aber warum? Nur da wir nicht gewillt sind, Veränderungen als eine positive Sache anzunehmen. Das kostet sicher Überwindung und Mut, tut aber auch unserer Seele gut.

Der Schlüssel zum Erfolg sind die vorzeitigen Veränderungen

Nehmen Sie die Veränderungen und damit verbundenen Planungen gleich mal selbst in die Hand. Einen richtigen Zeitpunkt gibt es nie dafür, aber mit der nötigen Konsequenz kommen Sie ans Ziel. Meist möchte man bei Veränderungen Pläne schmieden, etwas erreichen oder sich selbst neu finden. Nichts Großes, aber Sie bewegen gerade etwas. Sie stellen sich der Veränderung und passen sich an und geben in gewisser Weise die Richtungsänderung vor. Nur seien Sie bei Veränderungen nicht die Marionette darin.

Probleme lösen, bevor sie schlimmer werden

Einfach Abwarten und Tee trinken ist sicher der leichtere Weg; Sie hoffen, die Probleme lösen sich dadurch von selbst. Leider lösen sich die wenigsten Probleme in Wohlgefallen auf. Deshalb ist das Abwarten keine sehr sinnvolle Strategie. Also packen Sie das Problem und die Veränderung einfach selbst an. Nur so kann sich eine Veränderung auch verbessern und das bringt dann Ihr frühzeitiges Handeln mit sich. Gerade Probleme haben die unschöne Angewohnheit, mit der Zeit an Größe zuzulegen. Nicht aber, wenn Sie frühzeitig gehandelt haben und das Ruder noch selbst in die Hand nehmen können. Dann stehen die Chancen bei Veränderungen und Problemen gar nicht so schlecht.

Halten Sie sich stets alle Optionen offen

Eine Tür geht auf, die andere schließt sich. So ist unser Leben. Meist beschränken sich diese Dinge in einem zeitlichen Rahmen und wir geraten ohne Plan B unter Druck. Geben Sie sich selbst die Zeit, die Sie brauchen, und lassen Sie die klugen und durchdachten Entscheidungen walten. Demzufolge werden auch die Alternativen schneller durchleuchtet und Sie halten sich so einige Optionen dadurch offen.

Verbessern Sie sich kontinuierlich

Eine oftmals unterschätzte Erkenntnis, die da lautet: **Eine Verbesserung ist kein einmaliges Ereignis**, sondern gilt als ein stetiger und andauernder Prozess. Ihre bisherigen Methoden funktionieren nicht mehr und nun gehen Sie psychologisch vor. Sie wissen: Nur wer proaktiv handelt, kann eine Veränderung in Betracht ziehen. Sie streben dann eine Verbesserung an, auch wenn noch kein Bedarf besteht. Somit kommen Sie den Dingen einfach zuvor. Das hat wiederum mit dem vorausschauenden Denken zu tun. Demzufolge geht unsere Psyche immer einen Schritt weit voraus, was bedeutet, Sie geraten weniger in die besagten Sackgassen. Dieses Prinzip ist auch im Unternehmenskontext zu beobachten. Man agiert im Vorfeld mit anhaltenden Prozessen und führt somit eine Verbesserung und Veränderung herbei.

Erzwingen Sie aber niemals und um jeden Preis eine Veränderung, die punktuelle Aufstellung soll nur eine Hilfestellung sein, sozusagen das Sprungbrett in der Not und Ihr Rettungsanker, aber niemals wegweisend in allen Lebenslagen. Ein Hinweis eben, um sich auf dem Parkett der Welt wohlzufühlen. Viele von uns handeln aber sowieso situationsbezogen.

Die Angeber-Psychologie, die das Prahlen und Protzen mit sich bringt

Wer kennt sie nicht, die Schaumschläger, Blender, Angeber, Besserwisser, den Prahler und den sogenannten Neunmalklugen. Aber unter diesen Menschen befinden sich auch die Hochstapler. Beginnen diese Menschen eine Geschichte, gibt es einen unter ihnen, der kann diese noch um Längen toppen. Ob wahr oder nicht, sei dahingestellt.

Natürlich lösen diese Menschen auch alle Aufgaben mit links, würden einen Aufzug im Brandfall nutzen und so manche Zwiebel zum Weinen bringen. Diese Menschen sind eben mit allen Wassern gewaschen. Meist aber heißt es große Klappe und nichts dahinter. Genau darin steckt deren Psychologie. Es sind Angeber, die die Welt beherrschen möchten und immer gekonnt ihren Senf dazugeben. Ob man will oder nicht, an ihrer Meinung kommt keiner vorbei. Ihr Mitteilungsbedürfnis ist enorm und dennoch steckt nicht viel dahinter. Aber sie beeindrucken uns im ersten Moment. Man könnte es auch als die Scheinheiligen-Psychologie bezeichnen.

1. **Diese Menschen leiden unter einer latenten Profilneurose**
   Die Selbsterhöhung wird durch die Mitteilung über den eigenen Wissensvorsprung vollbracht. So lautet eine Botschaft im Subtext: „Ich wusste es schon vorher, seht nur her.“ Was im Klartext bedeutet: „Hast du Depp das nicht schon vorher gewusst?“ Dies kann für jeden Ratsuchenden eine schallende Ohrfeige sein und zeigt zugleich eine Dominanzgeste. Ganz nach dem Motto: „Ich Chef, du nix“, das kommt natürlich nicht bei jedem gut an. Im Prinzip ist dieses Verhalten eine Art Eigen-Aufwertung und nichts anderes als ein Indiz für eine veritable Profilneurose.

2. **Der ausgeprägte Geltungsdrang**

> Dahinter versteckt sich eine verstellte Form der Arroganz. Eine anmaßende Autorität, die offenbart, wie wichtig man ist. Auch wenn man es nicht ist, man gibt sich so. Man ist das Maß aller Dinge und der Geltungsdrang thront. Die Überheblichkeit schlechthin, die alles und jeden ignoriert. Man möchte den anderen überlegen sein und mehr nicht. Viel heiße Luft um nichts. Dazu möchte Heinz Erhard kurz und knapp zitiert werden: „Manche Menschen wollen glänzen, obwohl sie keinen Schimmer haben." Wie wahr, wie wahr, kann man da nur sagen.

Dennoch frägt man sich: Warum die ganze Angeberei und Prahlerei? Es gibt Menschen unter uns, die entwickeln dieses Bedürfnis, vielleicht, da sie selbst nichts darstellen und nicht über das Herrschaftswissen verfügen. Aber sie tun so und außer Schall und Rauch kommt dabei nichts heraus. Die Blender unter uns, die Eindruck schinden und denen Sie so einfach in die Karten schauen. Mit Ihren psychologischen Hintergedanken können Sie in deren Seele sehen. Menschen, die angeben und blenden, haben eines verlernt – die Ehrlichkeit. Sie verstricken sich in Widersprüche und genau da schenken Sie klaren Wein ein, denn Sie blicken hinter deren Kulissen, ob die wollen oder nicht.

Es ist alles eine Form der Positionierung

Es ist ein psychologisches Phänomen und so einfach darzustellen. Wer prahlt, hat es nötig. Angeben ist das neue Selbstmarketing und eine Art Positionierung in unserer Gesellschaft. So können wir recht schnell durch unser Können, Wissen, unseren Status in der Gruppe, unseren Besitz und die bekannten Statussymbole andere beeindrucken. Das ist die reine Psychologie und genau die steckt dahinter und manipuliert uns obendrein. Wir sind nicht mehr unbefangen und labile Persönlichkeiten verlieren ihren letzten Tropfen an Selbstwertgefühl. Solche Menschen rufen Minderwertigkeitskomplexe bei anderen hervor. Doch wer prahlt, der stellt sich letztendlich selbst ein Armutszeugnis aus, da die Masche am Ende durchschaubar bleibt. Doch Menschen mit Minderwertigkeitsgefühlen wurden nachhaltig enttäuscht.

Gehen Sie den Dingen immer auf den Grund, hinterfragen Sie die Standpunkte und haken ruhig mal nach. Meist ist die Prahlerei angeboren oder auch anerzogen, mehr nicht. Fallen Sie niemals auf solche „Schauspieler" herein und schalten bei diesen Gesprächen Ihren wachen Verstand mit ein. Vielleicht wurden diese Menschen schon als Kind enttäuscht, doch baden Sie deren Kindheit nicht mit aus. Grund dafür kann der Mangel an Liebe und Aufmerksamkeit sein.

Aber jeder von uns prahlt ja gerne mal. Ob das die vielen Kundenanfragen sind, die es nicht wirklich gibt, oder man wird stets mit einem Model verwechselt, was eher ein Wunschgedanke ist. Dahinter versteckt sich das aufgesetzte Leid, wie auch, seht her, wie toll ich bin. Man möchte gefragt und begehrt sein. Die vorgetäuschte Bescheidenheit, die Sympathiewerte entlocken soll. All das läuft unter einem schematischen Aspekt ab. Wir befriedigen unsere Psyche und zeigen ihr auf, wie toll und einzigartig wir sind. So mutieren viele von uns zum Selbstdarsteller; doch wenn jemand angeben möchte, dann bitte richtig und nicht so laienhaft.

Na ja, Angeber gibt es wie Sand am Meer, drehen Sie sich doch einfach mal um. Sie spiegeln den Mangel an Substanz mit ihrer Vehemenz und Lautsprecherei wider. Gehen Sie solchen Menschen nicht auf den Leim, sondern achten Sie auf die bestimmten Warnsignale, die diese Zeitgenossen zeigen. Sie können mit Ihrem psychologischen Hintergrund hinter deren Maske sehen. Die meisten lassen sich blenden, Sie aber nicht. Da hat Herr Prahlhans schlechte Karten bei Ihnen und Sie durchschauen sein Spiel. Diese Menschen haben gerade im Arbeitsleben noch nie was vom Teamgeist gehört. Achten Sie daher auf die folgenden Signale:

Es gibt kein Wir

Diese Menschen sprechen immer nur in der Ich-Form und identifizieren sich nur mit sich selbst. Andere Kollegen sind Luft und sie selbst der Nabel der Welt. Sie heimsen das Lob ein, werden als Einzelkämpfer benannt und nehmen die Anerkennung gerne für sich in Anspruch. Für diese Menschen gibt es nur sie selbst und ein Wir wird da zur reinsten Nebensache.

Eine Einarbeitung ist unnötig

Es gibt Menschen, die fangen einen Job an und negieren die guten Ratschläge sofort. Eine Einarbeitung erachten sie als unnötig und irrelevant. Sie können eh alles besser und sind mit der bekannten Besserwisserei beseelt. Diese Menschen sind weder teamfähig, noch nehmen sie den Rat eines Fachmanns an. Haben Sie sich so einen Fisch an Land gezogen, denken Sie zweimal über Ihre Menschenkenntnis nach und schalten Sie die psychologischen Aspekte mit ein. Dieser Mensch kann nie im Leben ein echter und ehrlicher Teamplayer sein. Die Orientierungsfähigkeiten sind daher Fehlanzeige und Sie haben sich einen Einzelkämpfer und Blender ins Netz geholt.

Manche Aufgaben werden gerne delegiert

Es kann ein Warnsignal sein, wenn Menschen, die nicht viel zu sagen haben, auch noch delegieren. Und zwar nach Lust und Laune und ohne fachlichen Hintergrund. Sogleich sollte diesen Menschen der Wind aus den Segeln genommen und deren Kompetenz geprüft werden. Denn drohen Katastrophen, sind natürlich die anderen daran schuld. Immerhin haben diese Menschen nur delegiert und sind fein raus.

Es gibt immer etwas anzumerken

Es gibt Menschen, die haben immer, laufend und andauernd ihre Meinung mitzuteilen. Nun können diese Menschen enorm kompetent sein oder sich als klassische Angeber entpuppen. Finden Sie es mit Ihrer psychologischen Stärke heraus und lassen den Kollegen ins offene Messer laufen. Bereiten Sie sich zu einem Meeting extrem gut vor und schauen, ob hinter der Meinung des anderen nur heißer Dampf steht.

Fehler existieren nicht

Sie kennen das: Es gibt die Angeber und Prahler unter uns, bei denen läuft immer alles rund. Ihr eigenes Versagen geben sie nicht zu, das könnte nämlich ihrem Image schaden.

Die Kritik wird überschätzt

Angeber sind nicht selten auch Narzissten und entsprechend auffällig ist ihr Umgang mit Kritik: Sachliche Kritik nehmen diese Menschen grundsätzlich nicht an und fühlen sich eher angegriffen.

Die Fehler der anderen gehören an den Pranger

Jedem von uns ist schon mal ein Fehler passiert, Schwamm drüber. Doch bei den Fehlern der anderen, da sieht die Sache doch gleich mal ganz anders aus. Diese werden in Szene gesetzt und bei jeder Gelegenheit zum Ausdruck gebracht. Die eigenen Fehler werden klammheimlich unter den Teppich gekehrt. Auch das ist ein Teilbereich der Psychologie, sich besser hinzustellen, als man ist.

Nichts ist unmöglich

Das Null-Problemo-Prinzip. Es ist immer alles kinderleicht und easy, auch wenn dem nicht so ist. Solche Menschen leiden an Selbstüberschätzung und wirken dadurch unglaubwürdig.

Lassen Sie bei diesen selbstgefälligen Windmaschinen ruhig mal Dampf ab und zeigen durch Wortgefechte und deren Reaktionen, dass Sie rein psychologisch nicht auf den Kopf gefallen sind. Sie können das Ganze auch sang- und klanglos ignorieren, eben ganz nach Belieben.

Diese psychologischen Erfolgsmethoden sollten Sie kennen

Die Psychologie und Soziologie vereinen sich und zeigen eine neue Vorgehensweise im Selbstmanagement auf. Lassen auch Sie sich davon faszinieren, denn nicht jede dieser Methoden ist Ihnen vertraut.

1. **Die 1-Minute-Methode** könnte die kürzeste Methode der Welt sein. Dieses Prinzip entstammt der Kaizen-Philosophie: Was bedeutet, Sie widmen sich jeden Tag einer bestimmten Sache und das nur eine Minute lang. Eine Minute am Tag ist nicht lang und kann auch bei einem vollen Terminkalender in Anspruch genommen werden. Sich aber eine Minute lang auf eine bestimmte Sache zu konzentrieren, kann auch länger sein als man denkt. Probieren Sie diese Methode einfach mal aus.
2. **Die 10-10-10-Methode** ist eine Art Zeitreise-Methode. So können bessere und auch langfristigere Entscheidungen getroffen werden. Das Ziel ist es, sich selbst bewusst zu machen, was nach einer Entscheidung passieren könnte. Man wägt bei dieser Methode dann genau ab.
3. **Die 25.000-Dollar-Methode** verdankt ihren Namen tatsächlich einer wahren Begebenheit und die geschah vor rund hundert Jahren. Hier ein Zitat dazu: Der amerikanische Industrielle und Stahlmagnet Charles Michael Schwab beschäftigte sich kontinuierlich mit Verbesserungsprozessen. Er beauftragte den Berater Ivy Ledbetter Lee mit der Optimierung der Arbeitsprozesse. Der Geschichte nach stellte Ivy Lee nach drei Monaten seine Vorschläge mit den Worten vor, Schwab solle ihm zahlen, was ihm die Arbeit wert sei. Offenbar war sie wertvoll: Schwab überreichte Ivy Lee für die Entwicklung seiner Methode einen Scheck in Höhe von 25.000 Dollar, daher der Name der Methode. Um die Dimensionen zu verdeutlichen: 25.000 Dollar waren 1918 ein Vermögen und entsprechen heute rund 400.000 Dollar. Nach ihrem Erfinder wird die 25.000-Dollar-Methode

übrigens auch als die Ivy-Lee-Methode benannt.

4. **Die 5S-Methode** bewirkt ein systematisches Ordnungskonzept für den Arbeitsplatz. Somit kann man sich besser auf die Arbeit konzentrieren. Demzufolge verbessert es die eigene Produktivität und die Organisation und Arbeitsprozesse.
5. **Mit der 60-Minuten-Methode** sorgen Sie für mehr Struktur am Tag. Sie arbeiten eine Stunde lang Ihre Aufgaben ab und lassen die Finger weg vom Telefon und von E-Mails. Dabei reduzieren Sie den Druck und Stress und nehmen sich der wichtigen Dinge des Lebens an. Sie schaffen in der Zeit mehr als Sie denken, da Sie sich von allen Ablenkungsmanövern distanzieren. Setzen Sie Ihre Prioritäten, und zwar jetzt. Auch das ist Psychologie, sich nicht im Kuddelmuddel zu verstricken, sondern klare Linien zu setzen.
6. **Die 6-3-5-Methode** kann Ihnen dabei helfen, viele Dinge unter einen Hut zu bringen und auch Ihre Ideen walten zu lassen. Diese Methode entwickelte ein Unternehmensberater im Jahr 1968. Bernd Rohrbach bat die Teilnehmer seines Seminars, jeweils drei Ideen auf Papier zu bringen, und die Liste wurde fünfmal an die anderen Teilnehmer weitergereicht. So kamen neue Ideen und Perspektiven auf. Bringen Sie Ihre Ideen an den Mann und beurteilen Sie diese im Vorfeld durch das Abwägen und nicht den Zeitdruck.
7. **Die ABC-Methode** ist ein optimales Zeitinstrument. Sie nimmt sogar Rücksicht auf die Links- und Rechtshirner und dominiert gerade die linke Gehirnhälfte, die für Pläne, Fakten, Zahlen und Systeme steht.

Es gibt viele Methoden, die uns weiterentwickeln, uns neu definieren und zu einem strukturierten und kreativen Menschen werden lassen. Wir haben alle im Leben ein Ziel – unsere visionären Ideen in die Tat umzusetzen und als Realist und nicht als Tagträumer durchs Leben zu gehen. Jeder für sich sollte die Psychologie als ein adäquates Hilfsmittel ansehen. Die steckt in jedem von uns und muss nur optimal positioniert zum Einsatz kommen. Mit den unterschiedlichen Methoden gewinnen

Sie an Struktur, Macht und Disziplin und werten Ihr Selbstbewusstsein auf. Eine Portion Motivation hat dabei noch keinem geschadet, Sie bauen Vertrauen in sich auf und legen Ihre Lebensziele besser fest. Suchen Sie sich den Weg aus, der Ihnen das nötige Vertrauen schenkt, und verlassen Sie sich ganz auf sich. Nur Sie können das und nur Sie bewältigen die Situationen mit Ruhe und Gelassenheit. Wer sich selbst psychologisch leiten kann, der kann auch mit anderen Menschen respektvoll umgehen.

Sie haben sich aus einem bestimmten Grund für die Psychologie entschieden, das kann von privater wie auch geschäftlicher Natur sein. Die junge Wissenschaft, die bewegt und die uns doch seit Menschengedenken begleitet, wenn auch anfangs eher unbewusst. Es ist die Kenntnis des Verständnisses, Dinge anders zu sehen und auch zu verstehen. Selbstzweifel aus dem Weg zu räumen und sich selbst an die Hand zu nehmen. Sie ändern nur das, was Sie in Angriff nehmen. Nun unterliegt die Psychologie der erklärenden und somit der naturwissenschaftlich orientierten Form sowie auch der verstehenden, der geisteswissenschaftlichen Variante. Früher sprach man von der Bewusstseinstheorie und so falsch ist dieses Wort auch nicht. Wir machen uns bewusst, was wir können, wie wir handeln und was wir tun. Wir leben nicht nur einfach so in den Tag hinein, wir machen etwas aus ihm und fördern und fordern uns. Zudem können Menschen mit einem psychologischen Background andere Menschen leiten und mehr bewirken, als man denkt. Die Macht des Seins liegt in der Psychologie und damit ist auch der Erfolg ganz eng miteinander verbunden. Das Bewusstsein und unser Geist leiten sich nicht von selbst, Sie als Kommandant müssen Ihre Psyche und das damit verbundene Bewusstsein in Einklang bringen. Beginnen Sie mit einer Selbstreflexion und überlassen Sie nichts dem Zufall.

Wir haben eine Weile gebraucht, um zu verstehen, dass Ängste, Glück, Können und Versagen aus der Psyche heraus entstehen. Wurde Ihnen als Kind eingebläut „Das kannst du nicht“, werden Sie es ein Leben lang glauben. Und warum? Sie haben vergessen, in sich hineinzusehen und sich selbst einzuschätzen. Das machen ja bereits die anderen für Sie. Sie wurden und werden manipuliert; dafür sind wir alle recht anfällig und glauben gern, was andere von uns halten und denken. Ihr Selbstbewusstsein braucht wieder einen Schubs nach vorne und Sie die Selbsterkenntnis, dass mehr in Ihnen steckt. Leben Sie daher *immer* Ihre

Gedanken, Ideen und Ihre Kreativität aus, genau das macht Sie als Mensch aus. Niemand von uns ist als Leithammel geboren und niemand als Versager. Die Macher unter uns haben es aus eigener Kraft geschafft und es steckt auch ein wenig des Blenders und Angebers in Ihnen. Es kommt auf die Mischung an und auf das, was Sie im Leben erreichen wollen. Konditionieren Sie Ihre Fähigkeiten mit einer Strategie. Die Psychologie ist die Seelenkunde schlechthin, auch wenn sie nichts mit dem Unendlichen zu tun hat. Entwerfen Sie einen privaten wie auch beruflichen Plan. Was kann ich, was sind meine Stärken, was will ich und wo will ich in meinem Leben einmal stehen? Nehmen Sie selbst einen positiven Einfluss auf sich und schätzen Sie sich gut ein.

Ein Beispiel dazu, wo die Psychologie auf die Manipulation trifft:
Das Leben ist manipulativ, wie wir es alle sind. Sie gehen bei einem bestimmten Vorhaben daher psychologisch und manipulativ vor. Es soll ein Ziel erreicht werden, das alleine nicht zu bewältigen ist. Also arbeiten Sie mit Ihrer Überzeugungskraft und der Manipulation. Sie überzeugen mit Sinn und Verstand und manipulieren richtungsweisend. Schnell werden Sie durch Ihr überzeugendes und selbstsicheres Auftreten einen Pluspunkt gewinnen. Sie durchschauen das Gegenüber und setzen in seinem tiefen Inneren an. Schnell merken Sie an seiner Rhetorik, der Körpersprache und seiner Ausdrucksweise, wie der Hase läuft. Sie dagegen halten sich mit all dem bedeckt. Die Psychologie ist der Maßstab aller Dinge und Sie machen sich diesen Vorteil nun an zu eigen.

Ihre Psyche sollte niemals mehr im Schattendasein walten und Sie sich nicht hinter den Mauern der Unsicherheit verstecken. Treten Sie demzufolge aus Ihrem Schatten hervor und zeigen Ihre Veränderung an. Wir sind nicht nur zu Mitläufern, sondern auch zu Einzelkämpfern geboren. Sie sind einer davon, der im Leben steht und weiß, was er will. Wir wurden von klein auf auf das Leben vorbereitet und das schulisch und ausbildungsmäßig, doch die Psyche wurde dabei niemals bedacht. Die Wissenschaft vom Erleben und Verhalten und unsere Bewusstseinsinhalte wurden dabei nicht gestärkt, sondern kümmerlich vernachlässigt. So sollte es aber nicht sein.

Unser Anliegen ist es, etwas aus sich zu machen, etwas darzustellen und die vielen kleinen Sackgassen im Leben zu meiden. Das bringt nicht nur Stabilität mit sich, wir steigern uns auch in allen Lebenslagen. Nehmen Sie Ihre Psyche beim Wort und trainieren und folgen Sie ihr. Alles andere wäre ein selbst verschuldeter Elendsfall. Lassen Sie sich niemals auf so ein Spiel ein. Nicht jeder ist Ihnen im Berufs- wie auch Privatleben wohlgesonnen. Schätzen Sie daher sich und Ihre Umwelt besser ein. Ihre Psyche hat einen sehr großen Einfluss darauf und dieser ist von einer Tiefgründigkeit beseelt. Man nennt es auch unsere Verhaltenspsychologie. Anders als bei Tieren sind uns Instinkte verloren gegangen. Fangen Sie daher am besten mit Ihrer Selbsteinschätzung an und werten Sie andere auf Ihre Art und Weise. Stellen die Menschen eine Gefahr dar oder nicht? Sind sie Ihnen ohne den besagten Wortwechsel wohlgesonnen? Viele Verhaltensforscher und Psychologen gehen auf die Psyche des Menschen, ist sie doch unsere Schatzkammer der Gedanken und Gefühle. Ein Reichtum, aus dem wir schöpfen und ernten könnten und es so wenige von uns tun, denn wir haben verlernt, uns wahrzunehmen, und wir können das auch bei anderen nicht.

Menschen, die Menschen leiten, leben davon, in das Innere der anderen zu sehen, bevor sie wissen, wie ihnen geschieht. Sie können das auch und es ist sicher nicht der besagte Quantensprung. Es ist eher der kleine Schritt nach vorne, der Ihnen das Leben ein wenig leichter macht. Lernen Sie, Misserfolge wie auch Erfolge als eine Chance zu sehen, und ziehen sich nicht bei jeder Kleinigkeit herunter. Beziehen Sie bei wichtigen Gesprächen Ihre Psyche sowie die Mittel der Wahl ein, um ausdrucksstark zu sein: die Rhetorik, Manipulation, die Motivation und Ihre viel besagte Körpersprache. Die spricht ja bekanntlich mehr als tausend Worte. Ihr Gesamtpaket überzeugt und Ihre Psyche spricht Bände, ohne die Sie nicht das wären, was Sie heute sind. Im Altgriechischen wird die Psychologie auch die Seelenlehre und Atemlehre genannt. Sie bezieht all unsere Sinne ein. Gelehrte wie Emanuel Kant folgten dieser Bewusstseinstheorie und stellten sich damit selbst auf eine harte Probe, denn nach wie vor ist die Psyche des Menschen weitgehend unerforscht und es treten nur Teilfrequenzen auf. In sich zu gehen ist dabei meditativ und originell. Es zeigt uns den Stand der Dinge auf und ob wir instabil sind oder nicht. Wir schützen und stärken uns durch die Meditation und sind unserer Psyche wiederum ganz nahe. Genau das ist in unserer schnelllebigen Zeit verloren gegangen. Zu sich selbst zu finden und zu wissen, was wir tun und wollen. Kein Ja-Sager sein, sondern den Fels in der Brandung darstellen. Die Psychologie als akademische Fachrichtung, die auf der naturwissenschaftlichen Basis und Wahrnehmungsphysiologie beruht. Doch im Wesentlichen ist die Psyche des Menschen unergründbar, da sich in ihr auch unsere Abgründe auftun. Niemand von uns ist wirklich durchschaubar, aber in gewisser Weise lenkbar. Darauf deutet unsere Körpersprache hin, in der wir wie in einem offenen Buch lesen können. Halten Sie daher immer Ihre Psyche bereit und schalten diese urmenschliche Kraft niemals aus. Sie ist von keiner Technik der Welt ersetzbar und steuert uns und unser Umfeld. Wir sind als Individuum geboren. Wir werden daher alle von unserem Verhalten, dem Wahrnehmen und unseren Eindrücken geleitet. Wir unterliegen dem Kummer und Schmerz und unseren Emotionen. Daher ist die Psyche ein wichtiger Bestandteil von uns. Es mag eine Wissenschaft für sich sein, doch die Psyche ist das Maß aller Dinge. Die Psyche und Sie sind nicht zwei Welten, Sie bilden mit ihr eine Einheit, vergessen Sie das nicht. Der Erfolg fängt mit der Menschenkenntnis und Selbstwahrnehmung an, mehr nicht. Wie schätze ich mich ein, wie werde ich eingeschätzt und wie verkaufe ich mich letztendlich? Diese Punkte sollten täglich auf Ihrer Tagesordnung stehen, damit auch Sie tief in die Psyche des anderen vordringen. Geschäfte werden nicht nur aus Sympathie und Freude entstehen, sie werden von der Psyche gelenkt. Darauf sollten auch Sie Ihren Fokus richten, um erfolgreich und gewinnbringend zu agieren. Nur so erhalten Sie Ihren persönlichen Applaus.

Die Psychologie hat viele Gesichter und arbeitet in vielen Bereichen Hand in Hand. Die theoretische Variante davon steht für unsere Theorien, die Sichtweisen und wie man bestehende Probleme rein theoretisch lösen kann. Wir analysieren, bevor wir in den praktischen Teil übergehen. Wer möchte schon gerne so hoppla-di-hopp reagieren und einen Schnellschuss ins Nichts starten. Es geht vielmehr um die erkenntnisorientierten Grundlagen und unsere gesammelten Kunstwerke. Die Theorie darin ist es, sich auf das Leben und all seine Eventualitäten einzustellen. Theoretisch gesehen machbar, aber auch praktisch durchführbar?

Dazu steht uns die praktische Psychologie mit Rat und Tat zur Seite. Das fängt wiederum bei folgenden Parametern an: Was denken andere über mich? Wie funktioniert die Kommunikation? Wie gehen wir miteinander um? Doch das komplexe Modell Mensch lässt sich da nur schwer durchschauen, da man nicht in seine Gefühlswelt und Gedankenwelt blicken kann. Jeden Tag haben wir mit Menschen zu tun und kennen uns mehr oder weniger mit menschlichen Emotionen aus. Wir bewältigen Konflikte, kommunizieren und lernen Freund und Feind kennen. So entsteht die Selbstsicherheit. Unsere Psyche zeigt uns dann die Sonnen- und Schattenseiten des Lebens auf.

Wie wenden wir gerade die praktische Psychologie im täglichen Leben an?

Täglich wenden wir diese Praxis an, meist unbewusst, und können dementsprechend keinen Vorteil daraus ziehen. Das fängt bei den Entscheidungen an, geht über das Kontakteknüpfen und setzt sich über das Pflegen von Freundschaften fort. Aber auch unsere Stimmungsschwankungen und Gefühle treten aus unserer Psyche hervor. Eben das, was uns als Mensch ausmacht, die Ecken und Kanten inbegriffen. Um diese praktischen Fähigkeiten der Psychologie zu nutzen, benötigt es Grundlagentheorie. Diese beinhaltet folgende Themen und verschafft uns den ersten Eindruck von uns selbst:

- mentale Gesundheit
- Emotionen
- Wahrnehmungen
- Motivation
- Persönlichkeit
- die Entwicklung unseres sozialen Verhaltens

Jeder Punkt für sich möchte dabei eruiert werden und es soll eine Art Selbstdarstellung und In-sich-Gehen bewirken. Wie sieht es mit meiner mentalen Gesundheit aus, bin ich eher emotional und nehme ich um mich alles wahr? Bin ich motiviert und ausgeglichen und ist meine Persönlichkeit nicht von Selbstzweifeln geplagt? Auch ist die Entwicklung unseres sozialen Verhaltens in den Vordergrund zu stellen. All diese Fragen beantworten Sie sich selbst. Stellen Sie sich ein paar Fragen und antworten auch hier ehrlich darauf, dies dient der reinen Selbstanalyse.

- Wie beurteile ich andere?
- Welche Effekte haben Stress und Frustration bei mir?
- Wie funktioniert mein Gedächtnis?
- Welche Fehlerquellen gibt es bei der Beurteilung des Verhaltens anderer?
- Wie sind die Spielregeln für meine Kommunikation?

Ebenso sind Ihre inneren Werte wichtig, die sich in Ihrem Humor, der Intelligenz und Kreativität wie auch der nonverbalen Kommunikation und Hypnose, in Schlaf und Träumen widerspiegeln. Das macht die praktische Psychologie im Großen und Ganzen aus und zeigt auf, wie Sie mit Ihrem Leben und dem der anderen wirklich umgehen.

Die wichtigsten psychologischen Effekte im Überblick

Psychoeffekte unterliegen nicht nur den kryptischen Namen und sind Phänomene, sie sind ein wertvoller Teilbestand der Psychologie und werden Ihnen alphabethisch aufgezeigt. Sie sind kein Geheimnis, dennoch sollten Sie die Effekte griffbereit haben, denn Sie stellen einen Wegweiser, Helfer und auch unser seelisches Befinden dar. Vielleicht ist Ihnen ja der ein oder andere Effekt bekannt. Immerhin ist es das Einmaleins der Psychologie.

- **Der Aha-Effekt:** Er wird auch das Heureka-Erlebnis genannt und hat mit der Lösung eines Problems zu tun. Es wird der Augenblick beschrieben, wenn man nach langem Grübeln eine Sache versteht oder die Lösung eines Problems erkennt.

- **Der Ankereffekt** unterliegt einer Art Wahrnehmungsstörung. Unser Gehirn sucht nach Vergleichswerten, um z.B. den Wert einer Sache bemessen zu können. Eine völlig aus der Luft gegriffene Zahl als Bezugspunkt reicht dem Gehirn zur Not schon aus. Das haben die Psychologen Clayton R. Critcher und Thomas Gilovich bewiesen: Gäste eines Restaurants mit dem Namen „Studio 97" gaben darin durchschnittlich 8 Dollar mehr aus als die Gäste eines Restaurants namens „Studio 17". So wurde der Ankereffekt ins Leben gerufen.

- **Der Assimilationseffekt** wird auch als Angleichungseffekt oder Reflected-Glory-Effect benannt und kommt aus dem Marketingbereich. Dabei entsteht das sogenannte Co-Branding, was daraus resultiert, dass jemand ein Produkt besser bewertet, weil es mit einem (positiv besetzten) Produkt zusammen verkauft wird. Nehmen wir den alten Röhrenfernseher zur Hand, der vom digitalen Zeitalter übermannt wurde: Er steht in diesem Zusammenhang als positiv da. Immerhin hat er das Zeitalter des Fernsehens eingeleitet. Das machen auch Politiker so und man nennt es den Imagetransfer. Diese lassen sich in den Wahljahren zusammen mit den Gewinnern und anderen Sympathieträgern ablichten. Demzufolge erscheinen sie in einem positiven Licht.

- **Der Barnum-Effekt** wird auch als der Forer-Effekt bezeichnet. Dabei geht es im Wesentlichen darum, dass Menschen eine Neigung dazu haben, gerade vage und allgemeingültige Aussagen über sich als zutreffende Beschreibung zu akzeptieren.

- **Der Begründungs-Effekt** wurde von den Psychologen Ellen Langer und Robert Cialdini entdeckt. Wir Menschen reagieren enorm auf Begründungen. Gerade das Wort *weil* zieht uns magisch an. Selbst wenn eine Begründung tautologisch und fadenscheinig ist – die Menschen machen das, was von ihnen zuvor verlangt wurde.

- **Der Broken-Windows-Effekt** wurde von dem Niederländer Kees Keizer zusammen mit Kollegen von der Universität von Groningen ins Leben gerufen. Er bedeutet: Wenn in einer Straße nur ein Haus mit ein paar zerborstenen Fensterscheiben steht, kann es nicht mehr lange dauern, bis der ganze Wohnblock verfällt.

- **Der Butterfly Effect oder** auch *Schmetterlings-Effekt* genannt, unterliegt einer doch unrealistischen Theorie. Denn das Schlagen der Flügel eines einzigen Schmetterlings könnte einen Wirbelsturm auf der anderen Seite des Globus auslösen. So viel dazu …

- **Der Bystander-Effekt** betrifft die Wahrscheinlichkeit, dass einem im Notfall geholfen wird, nimmt aber mit steigender Anzahl der Umherstehenden ab. Dies haben die Sozialpsychologen Latané und Darley untersucht und formulierten dazu einen Fünf-Stufen-Prozess. Diesen musste jeder Passant einmal durchmachen, bevor er einem Unfallopfer hilft. Daraus resultiere, dass auf jeder dieser Stufen andere Menschen ein zunehmendes Hindernis bilden.

- **Der Clooney-Effekt,** und jetzt kommt es, geht tatsächlich auf den gleichnamigen Schauspieler George Clooney zurück. Der Frauenschwarm legte sich am Comer See eine Ferienvilla zu und seither brummt auch der Immobilienmarkt am Lago Maggiore. Wie man sieht, ziehen Promis nicht nur magisch an, sie treiben auch die Immobilienpreise in die Höhe, dafür aber mit Promigarantie.
- **Das Dutch Admiral Paradigm** ist eine Art Zitierkartell und wird auch als Reputationseffekt bezeichnet. Wissenschaftler haben demzufolge mehrfach beobachtet, dass ein gegenseitiges Loben tatsächlich Karrieren beflügeln kann. Der Name des Effekts entstand durch zwei niederländische Kadetten. Diese schworen sich gegenseitig, bevor sie in den Krieg zogen, nur Gutes über die Taten des anderen zu berichten. Das zeichnete sie letztendlich auch aus, waren sie doch am Ende die jüngsten Admiräle der Niederlande.

- **Der Fischteicheffekt** wird auch als Big-Fish-Little-Pond-Effect (BFLPE) bezeichnet und tritt gerade in Schulklassen auf, wenn Schüler in einer Klasse mit leistungsschwächeren Mitschülern eine höhere Lernmotivation entwickeln.

- **Der Framingeffekt** zeigt, wie beeinflussbar wir wirklich sind. So ist nicht nur der Einfluss an sich zu sehen, sondern auch das Umfeld, das uns mit beeinflusst. Das beste Beispiel dafür ist das halbvolle Glas, das man je nachdem als halbvoll oder halbleer präsentieren kann. Demnach kann es das Gehirn als Gewinn oder Verlust verbuchen.

- **Der Gecko-Effekt** zeigt auf, dass nicht alles, was stark haftet, auch kleben bleibt. Geckos können mit ihren Füßen zwar überall mühelos kleben bleiben, doch an ihren Füßen selbst haftet nichts.
- **Der Halo-Effekt** wurde von Edward Lee Thorndike entdeckt und beschreibt einen Wahrnehmungsfehler. Dieser Effekt kann einzelne Eigenschaften einer Person so dominant widerspiegeln, dass dies einen überstrahlenden Gesamteindruck erzeugt. So z.B. ist man besonders dick, wird man nur über seinen Körperumfang wahrgenommen. Was im Wesentlichen bedeutet, dass man damit willensschwach ist und nur in sich reinstopft. Manche von uns halten dicke Menschen auch für dumm und faul.

- **Der Hawthorne-Effekt** geht auf ein Experiment um 1924 in den Hawthorne-Werken der Western Electric in Cicero/Illinois zurück. Hierbei wollten die Forscher wissen, ob verbesserte Lichtverhältnisse die Produktivität bei uns Menschen steigern können. Was anfangs danach aussah, stellte sich als Flop heraus. Die Probanden arbeiteten nur besser, da sie wussten, dass sie beobachtet werden. Das Licht an sich hat demzufolge nichts mit unserer Schaffenskraft zu tun.
- **Der Jesaja-Effekt** ist aus den biblischen Prophezeiungen des Propheten Jesaja heraus entstanden und zeigt auf, dass solche Weissagungen unseren Blick auf die zukünftigen Folgen unserer heutigen Handlungen lenken. Trotzdem können wir es selber wählen, welches Schicksal uns widerfahren soll, das liegt genau in diesem Moment in unserer Entscheidungskraft.

- **Der Kennedy-Effekt** bedeutet nichts anderes als dass man mit Charisma zu Macht und Einfluss gelangt.

- **Der Kobraeffekt** ist ein Relikt aus der Zeit der britischen Kolonialherrschaft in Indien, denn dort herrschte eine Schlangenplage. Es wurde auf jede Kobra ein Kopfgeld ausgesetzt. Das Ende vom Lied: Die Inder züchteten die

Schlangen, um sie anschließend zu enthaupten und das Kopfgeld für sich abzukassieren. Darauf wurde die Prämie abgesetzt, die Leute ließen alle Kobras wieder frei und das Problem verselbstständigte sich durch eine noch größere Plage.

- **Der Kuleshov-Effekt** wurde von dem sowjetischen Regisseur und Filmtheoretiker Lev Kuleshov entwickelt und von ihm als Erstes beschrieben. Da das Gehirn versucht, Bilder zusammenzufügen, wie bei einem Film, interpretieren wir sie nicht als neutral, denn wir beurteilen Menschen, die wir nicht kennen, in Sekundenschnelle.

- **Der Luzifer-Effekt** wurde nach dem Buch des US-Sozialpsychologen Philip Zimbardo benannt. Es geht um unsere finstere Seite und wie anfällig wir für Versuchungen sind. Dabei wurde ein Experiment vorgenommen, bei dem eine Gruppe freiwilliger Studenten zufällig in Wärter und Häftlinge aufgeteilt wurde, die dann in einem simulierten Gefängnis arbeiteten und lebten. Innerhalb nur einer Woche musste das Experiment abgebrochen werden, denn die Studenten verwandelten sich in brutale, sadistische Wärter oder emotional gebrochene Gefangene. Wie man sieht, ist der Mensch auch auf die sadistische Seite hin wandelbar.

- **Der Matthäus-Effekt** wurde in Anlehnung an ein berühmtes Zitat aus dem biblischen Gleichnis von den anvertrauten Talenten im Matthäus-Evangelium (Kapitel 25, Vers 29) eingeleitet: *„Denn wer da hat, dem wird gegeben werden, und er wird die Fülle haben; wer aber nicht hat, dem wird auch, was er hat, genommen werden."* Dies besagt, dass Glück und Erfolg anstecken.

- **Der McGurk-Effekt** geht auf den Entwicklungspsychologen Harry McGurk zurück. Er fand heraus, dass zu viele Sinnesinformationen unsere Wahrnehmung stören. Daraus entstehen dann eigenartige Realitäten, denn wir hören etwas anderes, da wir glauben, es zu sehen.

- **Der Obelix-Effekt** wurde tatsächlich nach dem gleichnamigen Gallier im Asterix-Comic benannt. Dieser musste stets neidvoll zusehen, wie sich seine Freunde beim Zaubertrank-Ausschank stärken. Er selbst bekam aber nichts ab, da er bereits als Kind in den Zaubertrankkessel gefallen ist und so ein Leben lang damit versorgt war. Dieser Effekt wurde auf den Büroalltag übertragen – und warum? Wer kennt es nicht, wenn einen die Kollegen nie fragen, ob man mit zum Mittagessen will.

- **Der Placebo-Effekt** ist sehr bekannt und beschreibt, dass Tabletten, die keinen Wirkstoff enthalten, trotzdem heilen können. Der Patient glaubt an die Wirkung darin, selbst wenn diese nicht vorhanden ist.

- **Der Pygmalion-Effekt** oder auch Rosenthal-Effekt wurde von den Psychologen Robert Rosenthal und Lenore Jacobson im Jahr 1968 beschrieben. Es geht im Wesentlichen darum, die Leistungs- und Lernkurve zu erhöhen und die entstand in den Anfängen so: In dem damaligen Versuch teilten sie Lehrern mit, dass sie aufgrund bisheriger guter Leistungen im kommenden Schuljahr eine Klasse übernehmen dürften, und sie setzten die Klassen aus den intelligentesten Schülern zusammen. Nach Ablauf des Schuljahres und der Studie waren diese Klassen tatsächlich besser als alle anderen. Doch die Psychologen hatten gelogen. Die Klassen waren lediglich eine reine Zufallsauswahl. Da die Schüler aber glaubten, zu den Besten zu gehören und auch die Lehrer ihnen mehr zutrauten, stieg die Leistungs- und Lernkurve.

- **Der Raikov-Effekt** geht auf den russischen Psychotherapeuten Vladimir Raikov zurück. Bekannt ist er unter „Methode des geborgten Genies“. So wurden Probanden von Raikov in einen Zustand der Tiefenhypnose versetzt, und es wurde ihnen suggeriert, dass sie per Reinkarnation ein herausragender Kopf der Geschichte gewesen seien. Diese Menschen waren sogar in der Lage, deren Fertigkeiten zu entwickeln, die sonst weit über ihren eigenen lagen.

- **Der Reaktanzeffekt** beschreibt die psychologische Neigung von Menschen, Gruppen oder Organisationen, die sich gegen Entwicklungen wehren, aber auch neuerlich verbotene Handlungen insgeheim oder offensichtlich ausführen.

- **Der Rezenz-Effekt** wird auch als der *Primäreffekt* oder *Primacy-Recency-Effekt* bezeichnet und ist ein Kurzzeitgedächtnis-Phänomen. Was bedeutet, wir erinnern uns an jüngere Informationen besser als an ältere.

- **Der Ringelmann-Effekt** beschreibt Menschen in der Gruppe, die eine geringere Leistung erbringen, als aufgrund der summierten Einzelleistungen zu erwarten wäre. Es geht dabei um den Motivationsverlust und den daraus resultierenden Leistungsabfall, der in Gruppen interessanterweise entstehen kann.

- **Der Slashdot-Effekt** tritt auf, wenn etwa ein Eintrag in einem bisher kaum bekannten Blog von einer großen Webseite aufgegriffen wird. In Minuten steht ein enormer Besucherandrang, wo selbst der Server den Geist aufgibt. Die Seite wurde dann *geslashdottet*.

- **Der Streisand-Effekt** ist ein Phänomen im Internet und hat tatsächlich mit Barbra Streisand zu tun. Es geht dabei um den Versuch, negative Informationen über sich im Web zu entfernen. Das Resultat kann dazu führen, dass diese noch stärker verbreitet werden. Zitat dazu: *Seinen Namen verdankt der Effekt Barbara Streisand, die den Fotografen Kenneth Adelman und die Webseite Pictopia.com auf 50 Millionen US-Dollar verklagte, weil dort eine*

Luftaufnahme ihres Hauses zwischen 12.000 anderen Fotos von der Küste Kaliforniens zu finden war. Adelman selbst behauptete, er habe das Anwesen am Strand fotografiert, um Küstenerosionen für das California Coastal Records Project zu dokumentieren. Der Journalist Paul Rogers bemerkte später, dass das Bild von Streisands Haus im Internet sehr beliebt war.

- **Der Valins-Effekt** beschreibt das Phänomen, dass körperliche Reaktionen, etwa ein erhöhter Puls beim Anblick eines Bildes, die Bewertung dieses Bildes beeinflussen können. So finden wir das Bild negativ oder positiv und das zeigen unsere Körperreaktionen an.

- **Der Veblen-Effekt,** auch Snob-Effekt genannt, ist ein Konsumeffekt. Dieser lässt sich gerade bei den sogenannten Prestige- oder Luxusgütern beobachten. Hier steigen der Preis und die Nachfrage.
- **Der Vorführ-Effekt** ist vielen von uns bekannt, denn genau dann geht es in die Hose.

- **Weihnachtseffekt** nennen Paarforscher das Phänomen, das in Fernbeziehungen regelmäßig für Spannungen sorgt. Beim Wiedersehen sind die Enttäuschungen vorprogrammiert, da jeder eine andere Vorstellung vom Treffen hat.

- **Der Werther-Effekt** beschreibt ein Nachahmungsphänomen. Wurde von einem Suizid berichtet, stieg die Zahl der Suizide gleich mit an. Zitat: Der Ursprung des Effektes geht auf den Goethe-Roman „Die Leiden des jungen Werthers“ aus dem Jahr 1774 zurück. Damals löste das Buch eine regelrechte Suizid-Epidemie unter jungen Menschen aus.

- **Der Zeigarnik-Effekt** geht auf die Psychologin Bluma W. Zeigarnik zurück. Sie stellte im Jahr 1927 fest, dass wir uns unbeantwortete Fragen oder noch offene Aufgaben besser merken. Daher wird der Zeigarnik-Effekt auch schon mal *Cliffhanger* genannt.

- **Der Zero-Price-Effekt** beschreibt einen typischen Verkäufertrick. Dabei wird das Angebot mit einem vermeintlichen Lockvogel-Angebot gekoppelt. Der Online-Buchhändler Amazon weiß, wovon die Rede ist, denn ab einem bestimmten Bestellwert ist der Warenversand kostenlos.

Die psychologischen Effekte sind uns zum Teil angeboren und werden im Laufe des Lebens auch antrainiert. Daher wurden viele dieser Effekte erforscht und eruiert und Thesen und Fakten dazu aufgestellt. Nutzen Sie diesen Bereich ganz für sich, um Ihre Strategien und Ziele zu verwirklichen. Ebenso können Sie auch Menschen besser durchschauen und jeder Effekt für sich zeigt ein sehr situationsbezogenes und sinnvolles Resultat auf. Manche dieser Effekte sind skurril, amüsant, interessant und zeigen auch die Tiefe unserer Seele auf.

Unsere Psyche, im Altgriechischen ψυχή als die Seele genannt, ist der Ort des Fühlens, Denkens und Empfindens. Unsere Persönlichkeitsmerkmale, die zu transzendenten Elementen zusammenfließen. Es ist die Summe aller geistigen Eigenschaften und steuert ebenso unsere Verhaltensweise. Damit ist die Psychologie ein sehr umfangreiches System aus wissenschaftlichen Disziplinen. Treten wir emotional auf, gelten wir als menschlich, da wir unsere Gefühle ganz offen zeigen, die wiederum von rein menschlicher Natur sind. Nicht das Drumherum wie Geld, Macht und die Position macht uns als Mensch aus. Es ist die Psyche, die uns leitet und uns liebenswert und charmant werden lässt. Doch in jedem von uns steckt das Liebe wie das Böse. Das ist rein menschlich und wir reagieren auch situationsbedingt. Die Geistestätigkeit unterscheidet sich dabei in folgende Zweige der Psychologie:

- **allgemeine Psychologie** – sie untersucht die allgemeinen Gesetze der geistigen Aktivität
- **Erwachsenenpsychologie** – sie untersucht die Funktionen der geistigen Entwicklung bei verschiedenen Altersstufen, aber auch die geistigen Eigenschaften der Kinder und Schüler unterschiedlichen Alters
- **pädagogische Psychologie** – sie beschäftigt sich mit den psychologischen Merkmalen von Lernen und Bildung
- **Sozialpsychologie** – sie untersucht die Beziehung zwischen Menschen in Gruppen
- **Psychologie der Arbeit** – entsteht unter Berücksichtigung der psychologischen Merkmale der verschiedenen Arten von Arbeit

So werden wir Menschen nach dem Entwicklungsstand, unserem Status, nach Krankheiten und nach unserem Beruf unterteilt. Das macht den Menschen aus, der natürlich ein Individuum ist und die Psychologie nur ein Anhaltspunkt sein kann. Wir sind nicht alle gleich und die Psychologie ist ein Wegweiser dazu. Ebenso unterteilen wir uns in unsere Fähigkeiten und Talente. Genau darauf kommen wir jetzt zu sprechen.

Unsere Eigenschaften

Die Fähigkeiten sind das, was eine individuelle psychologische Persönlichkeit aufzeigt und die damit verbundene Voraussetzung für die Durchführung von Tätigkeiten darstellt. Es ist ein Prozess der Bewältigung, Aktivitäten durch unsere Fähigkeiten durchzuführen. Demzufolge gibt es nicht nur die antrainierten Fähigkeiten, es gibt auch angeborene Eigenschaften, die wir uns zunutze machen. Das menschliche Nervensystem wird auf der Grundlage von Trieben gebildet. Insbesondere unser Gehirn ist ein optischer wie auch organisierter Analysator und so entgeht unserer Psyche nichts. Zudem steht unser Entwicklungszustand hoch im Kurs. Was haben wir als Kind gelernt, und haben wir das alte Wissen beibehalten, um heute unsere Fähigkeiten und Talente zu manifestieren? Wurde uns nicht einiges davon in die Wiege gelegt? Einiges wurde uns angeboren, doch das meiste ist erlernt und abgeschaut. Das macht den Menschen in uns aus. Erst mit der Zeit werden wir einzigartig und unsere individuelle Persönlichkeit tritt hervor. So kommen auch die vielen Fähigkeiten in uns hervor und die möchten kurz und knapp erläutert werden:

Es gibt keine homogenen Fähigkeiten, es sind eher die besonderen und allgemeinen und die stellen unsere Persönlichkeitsmerkmale dar. Unsere Neugier, die Aufmerksamkeit und unser Wissen zeigen die Fähigkeiten im Einzelnen auf. So ist diese Ausrichtung eng mit dieser Person verbunden. Es gibt aber auch die besonderen Fähigkeiten, die fast schon unter den Talenten laufen, wie Künstler oder Musiker oder das Mathematikgenie. Diese Fähigkeiten sind schon recht früh in unserer Psyche verankert. Sie ist nicht nur mit dem Fühlen, Denken und Empfinden beschäftigt. Sie kitzelt ein wenig mehr aus uns heraus. Demzufolge gibt es die kreativen und die reproduktiven Fähigkeiten, die sich in diesen beiden Formen unterscheiden.

Die Kreativität ist die Leichtigkeit des Lebens, es fallen einem viele Ideen fast schon in den Schoß. Wir sind originell, ein bisschen ein Genie und haben eben Talent in uns. Die reproduktive Fähigkeit wird von unserer Entwicklungskapazität gefördert und auch beschränkt. Sie bezieht sich auf unseren Beruf und den damit verbundenen Erfolg. Wir zeichnen uns mit mehr Wissen aus und gehen lösungskompatibel vor. Auch das ist eine rein menschliche Seite. Jeder hat seine Talente und Fähigkeiten in eine andere Richtung gelenkt. So ist auch das Genius, die höchste Stufe aller kreativen Talente, die wir leider nicht alle in uns tragen. Ebenso liegen die Fähigkeit wie auch die Unfähigkeit nahe beieinander. Der Mensch ist somit eine Entdeckungsreise wert.

Was uns als Menschen im Wesentlichen ausmacht, ist und bleibt die Psychologie. Wie ein Puzzle gliedert sie uns in viele Bereiche und weist alles in uns auf. Wir werden fast schon rein mental seziert und genau hier kommt das tiefe Innere zum Vorschein. Manchmal wissen wir nicht, wer wir sind, was wir wollen oder tun oder ob unser Leben auch lebenswert ist. Die Psyche schlägt Alarm mit ihrem göttlichen Wahn. Dennoch ist sie menschlich gesehen immer in ihre Bahnen zu lenken und nimmt uns wohlwollend an die Hand. Sämtliche Prozesse kommen erst in ihr zustande, bevor wir sie als Mensch ausführen können. Das müssen auch Sie sich verinnerlichen.

Unser Charakter, eine menschliche Eigenschaft davon

Ist der Charakter wirklich angeboren und ein individuelles Persönlichkeitsmerkmal? Ja, er spricht unser individuelles Verhalten aus. Eine angeborene Eigenschaft, wenn man so will, die mit dem Prozess des Erwachsenwerdens entsteht. Ein sozial-biologischer Vorgang, der uns zu dem macht, was wir als Mensch sind.

Bestärken Sie Ihre Fähigkeiten

Kommen wir auf die Welt, werden sogleich unsere Neigungen, das Temperament und der Funktionszustand des Organismus erworben. Diese Mechanismen und Parameter haben Einfluss auf die Weltanschauung, die Sozialisierung, die Umwelt und unsere Bildung. Es bildet sich im Laufe der Zeit eine komplexe, kontroverse und auch harmonische Persönlichkeit. Ebenso manifestiert sich unser Naturell in vielerlei Hinsicht. Nach und nach kommen dann unsere angeborenen wie auch antrainierten Fähigkeiten zum Vorschein.

Demzufolge entstehen komplexe und sekundäre Eigenschaften, die sich mit den Fähigkeiten des jeweiligen paaren:

- **In der Beziehung zu anderen Menschen** entsteht die Ehrlichkeit, Offenheit, Geselligkeit, Takt oder Falschheit, Isolation, Misstrauen, Ungeselligkeit und auch die Grobheit.
- **In Bezug auf sich selbst** kommen das Vertrauen, Selbstwertgefühl oder Selbstzweifel, geringes Selbstwertgefühl, Selbstliebe und Selbstabsorption zum Vorschein.
- **In Bezug auf Geschäfte** treten das Engagement, Fleiß, Integrität oder Faulheit und Unehrlichkeit hervor.

Nun sind viele Dinge die Eigenschaften in uns selbst, die unseren wahren Charakter aufzeigen und nicht die Fähigkeiten als das große Ganze ansehen. Die Psyche lässt dem Charakter und den angeborenen Eigenschaften stets den Vortritt.

Die Psychologie und die Charaktereigenschaften werden ineinander bestärkt, wenn der Charakter ein schwaches Glied in der Akzentuierung darstellt. Das bedeutet, die Fähigkeiten treten in diesem Moment wieder zurück. Vorherrschend ist dann unser Charakter, der den Menschen im Wesentlichen prägt. Wir alle sind formbar, was auch menschlich ist, aber niemals biegbar, und wir schlüpfen selten in die Rolle anderer hinein. Bleiben Sie daher so, wie Sie sind, nehmen sich die Psychologie für Ihren Nutzen zur Hand und gehen stark und unantastbar durchs Leben. Vielleicht haben Sie schon viel zu lange Ihrer Fähigkeiten unter den Tisch gekehrt? Haben nicht das Leben gelebt, das Sie gerne möchten? Dann liegt es nicht nur an Ihren Fähigkeiten, es liegt an Ihrem schwach ausgeprägten Charakter.

Demzufolge gibt es auch die unterschiedlichen Grundtypen der

Akzentuierung:

- **cycloidal** – entspricht der Phasenfolge der guten und schlechten Stimmungen mit unterschiedlichen Perioden dazu.
- **hyperthym** – die ständig positive Stimmung und erhöhte geistige Aktivität mit einem Tatendrang, eine Tendenz zu zerstreuen, und nicht, um die Sache zu Ende zu bringen.
- **labil** - Stimmungsschwankungen je nach Situation und Anlass.
- **asthenisch** – bedeutet Müdigkeit, Reizbarkeit, Neigung zu Depression und Hypochondrie.
- **sensibel** – eine erhöhte Anfälligkeit, Angst, ein verstärktes Gefühl der Unterlegenheit erscheint.
- **psychasthenisch** – eine hohe Angst und Misstrauen, die Neigung zur Introspektion, ständige Zweifel an sich selbst, Unentschlossenheit, die Anfälligkeit für Obsessionen und rituellen Handlungen.
- **schizoid** – man ist wie abgeschaltet, Isolation, Kälte, emotionale Kälte.
- **Epileptoidnye** – manifestiert in böser Absicht triste Stimmung mit Akkumulieren. Aggression äußert sich in Form von Anfällen von Wut, Ärger, Konflikte und der Pedanterie.
- Stecken zu bleiben (**paranoid**) – ein erhöhtes Misstrauen, krankhafte Sensibilität und die Anfälligkeit für negative Gefühle, den Wunsch zu dominieren, die Ablehnung von den Meinungen anderer.
- Demonstrativ (**hysteroid**) – ein starker Trend zur Verdrängung von unangenehmen Tatsachen und Ereignissen. Man erreicht keine Aufmerksamkeit, ist verlogen und heuchlerisch und nimmt sich seiner selbst nicht an.
- **Distimny** – die Häufigkeit von depressiver Stimmung, eine Neigung zu Depressionen, konzentrieren sich auf die dunkle Seite des Lebens, obwohl sie auf der Sonnenseite stehen.
- **instabil** – Biegsam und ständig auf der Suche nach neuen Unternehmen. Einfache Beziehungen aufbauen, die eher

oberflächlich wirken.

- **konform** – übermäßige Unterordnung und Abhängigkeit von den Meinungen anderer wie auch nicht kritikfähig und eine mangelnde Tendenz zu Konservatismus.

Unser Temperament

Auch das macht uns Menschen menschlich und spiegelt unseren Charakter wider. Unser Temperament wurde dabei schon sehr früh erforscht und das im antiken Griechenland im 5. Jahrhundert v. Chr. von Hippokrates. Dabei stellte sich heraus, dass wir vier verschiedenen Temperamentstypen unterliegen:

- Sanguiniker herrscht im Blut („Sangvis“);
- Choleriker haben – gelbe Galle („Galle“);
- phlegmatisch – Schleim oder Lymphe („Schleim“);
- melancholisch – schwarze Galle („Melancholia“).

Die Psychologie unterteilt jedes noch so kleine Teilchen, ähnlich wie die Anatomie. Man kann die Seele und den Geist nicht sehen und greifen, dennoch thronen diese Synergien in uns. Der Körper ist nur das Werkzeug, die ausführende Kraft ist die Psyche und der Geist.

So entstanden im Laufe der Zeit etliche Hinweise auf unsere Psyche:

- In melancholische Grundtendenz ist Traurigkeit. Seine Wünsche sind traurig, Ton, scheint es, dass alle von ihnen sind vernachlässigt und das Leid, es war ihm unerträglich.
- Choleriker sind sehr aktiv, energisch und hartnäckig. Man nennt es eine Art von Leidenschaft. Er kann auch stolz, rachsüchtig, ehrgeizig und reflektierend wirken.
- Phlegmatisch gleicht dem kaltblütigen und langsamen, nicht sehr empfindlichen Menschen. Es ist schwer irritiert und beschwert sich nie.

Unsere Psyche zeigt aber noch ganz andere Verhaltensweisen tief in uns auf:

- Die Stärke des Nervensystems, die sich auf die Fähigkeit von Nervenzellen, schwere Lasten zu widerstehen bezieht.
- Balance von Erregung und Hemmung aufweist.
- Mobilität der Nervenprozesse und ihre Fähigkeit, schnell aufeinander folgen.

Folglich ist alles eine reine Nervensache, die uns prägen, aber auch behindern kann und in uns folgende Eigenschaften und Schwankungen aufweist:

- **Choleriker – i**n diesem Fall: stark, unsymmetrisch (dominiert vom Anregungsprozess), hemmungslos;
- **Sanguine** – die starke ausgeglichene, agile ("live");
- **Phlegmatiker** - Stark, ausgeglichen, inert ("Ruhe");
- **Melancholisch** - Schwache Art der höheren Nerventätigkeit.

Die Psychologie für Einsteiger ist ein Grundsegment der inneren Beschaffenheit. Wir denken, wir sind unser eigener Herr. Sind wir aber nicht, denn wir werden von der Psyche und dem Unterbewusstsein sehr gut beeinflusst. Ein Bauchgefühl in dem Sinne gibt es auch nicht. Das menschliche am Menschen ist, er ist ein Kopfmensch und keiner, der mit dem Bauch seine Entscheidungen trifft.

Daher stehen ergänzte Klassifizierungseigenschaften des Nervensystems parat:

- **Senzitivnost** oder als die Empfindlichkeit bekannt – wird von der Stärke des Signals beurteilt, mentale Reaktion hervorzurufen.
- **Reaktivität** – die Kraft, mit der ein Mensch auf Reize reagiert.
- **Aktivität** – unsere Energie, die die Menschen auf der ganzen Welt beeinflusst.
- **Emotionalität** – unsere emotionale Erregbarkeit.

- **Duktilität** – die Fähigkeit, sich an die Umgebung anzupassen;
- **Steifigkeit** – Das Gegenteil von Eigentum, was die größere Stabilität der Psyche ist.

Demnach ist die Psychologie das, was uns Menschen ausmacht, und nicht das, was wir durch Reichtum, Job, Geld und Ruhm darstellen.

Die Hormone und unser Verhalten

Unsere Hormone haben uns voll und ganz im Griff und sie sind die Dirigenten unseres Lebens. Die Psyche ist sehr stark mit unserem Hormonprofil verbunden. Unser Körper überlässt nichts dem Zufall und nur so entsteht ein komplexes Leben, das wir bei Weitem noch nicht in Augenschein genommen haben. Schauen wir uns die vielen Krankheiten und Wehwehchen an. Wir sind noch lange nicht Herr der Lage, das weiß unsere Psyche selbst. Hormone haben nicht nur mit der Fortpflanzung zu tun, sie halten uns am Leben und machen gute Laune. Und so liegen das Glück und unsere Endorphine im Gehirn. Dieses schüttet die Botenstoffe wie Dopamin und Serotonin aus. Die Stimmungsmacher schlechthin, wenn sie auch gut eingestellt sind. Das heißt, diese Botenstoffe sollten immer Oberwasser haben und niemals untergehen. Dann klopft unsere Psyche sogleich und meldet die schlechte Stimmung mit an.

Sind wir glücklich und zufrieden, so geraten wir regelrecht in die Euphorie. Unser Gehirn schlägt Purzelbäume und ist mit dem Botenstoff Serotonin, das u.a. in der Großhirnrinde entsteht, für die positiven Emotionen in uns zuständig. Das Dopamin wiederum ist ein mesolimbisches System und gilt als Belohnungssystem. Haben Sie sich z.B. verausgabt, so freuen Sie sich und belohnen sich dafür. So muss man dieses Hormon sehen.

Doch Hormone sind nicht nur die Botenstoffe in uns, sie lenken uns auch und bestimmen ein wenig über unsere Psyche. Wie unsere Stimmung ist, so reagieren wir, und das machen die Hormone mit aus. Wer kennt den Spruch nicht: „Na, wieder mit Hormonschwankungen zu kämpfen?“, wenn wir mal bei schlechter Laune sind. Gerade Frauen leiden unter Stimmungsschwankungen, treten sie in die Wechseljahre ein. Das geht 75 Prozent aller Frauen so, damit ist niemand alleine, und die zweite Zyklushälfte im Leben einer Frau läuft dann mit Reizbarkeit, der inneren Anspannung und depressiven Stimmungen ab. Fehlt der Frau das

Östrogen und dem Mann das Testosteron, dann sind die guten Stimmungsmacher schlichtweg dahin.

Daher ist die Psyche sehr stark mit unserem Hormonprofil verbunden und genau das sorgt auch für unsere Energie. Hormone bestimmen das Leben, machen es lebenswert und sind ein Freund der Psyche. So ganz stimmt das aber nicht. Hormone schenken uns zwar mehr Lebensenergie, können uns aber auch ganz schön alt aussehen lassen und zu Krankheiten führen. Ob zuckerkrank, Bluthochdruck oder das hohe Cholesterin, die Hormone wie das Schilddrüsenhormon haben immer ihre Finger mit im Spiel. Gerade die zirkulierenden Schilddrüsenhormone Trijodthyronin und Thyroxin regulieren die zahlreichen Körperfunktionen und sind für unseren Energiestoffwechsel mit verantwortlich. Fangen wir zu zittern an und werden nervös, sind es eher die Hormone als die Psyche, die dafür verantwortlich sind. Schnell schieben wir auch die Kraftlosigkeit und Müdigkeit auf unsere besagte Psyche, in Wirklichkeit sind es unsere Hormone, die uns so ganz nebenbei erziehen.

Folglich prägen die Hormone unseren Tagesrhythmus

Wird es dunkel, erfährt unser Körper das Hormon Melatonin, das in den Tiefen des Gehirns produziert wird. Wir werden müde und gehen zu Bett. Die Hormone steuern diesen Prozess und schicken uns das Schlafhormon Melatonin vorbei. Unsere Psyche hat hier nur wenig mitzureden. Sie fügt sich den Hormonen und geht eine Art Scheinehe mit ihnen ein. Unserem Körper wird vermittelt, wir sind müde und haben schlafen zu gehen. Selbstverständlich gibt es auch die Frühaufsteher und Spätzubettgeher, dennoch hat das Hormon Sinn. Es hält uns im Rhythmus und stellt den Schlaf-Wach-Rhythmus dar.

Nun fragen Sie sich sicher: Welche Hormone bestimmen mein Leben, wenn es nicht die Psyche ist? Ob die Schönheit, der Sex oder das leidige Thema Gewicht, die Hormone wirken bestens mit, im Guten wie im Schlechten. Alle Gefühle, die wir haben, das Wohlfühlen oder nicht, der Hunger und die schlechte Laune, es sind unsere Hormone, die uns delegieren. Sie regulieren alles in uns, und das fängt bei den Drüsen,

Zellen und dem Gewebe an. Auch das Hüftgold kommt nicht von ungefähr und genau hier liegen unsere Nerven hin und wieder blank. Die Psyche kann hier nur tatenlos zusehen und ist da eher fremdgesteuert, denn die Hormone tun ihr Übriges.

Selbst Stress und Angst werden von unseren Hormonen geschürt. Nur eines können wir leider nicht: Wir können die Hormone nicht wie unsere Psyche beeinflussen. Haben wir einen schlechten Tag, können wir uns einreden, der nächste wird besser. Nur Hormonen reden Sie nicht drein, die agieren selbstständig und wir sind ihre Marionetten, denn sie steuern insgeheim unser Leben und noch mehr. Selbst in der Liebe gehen die Hormone ihre ganz eigenen Wege. Sie denken, Sie haben rein psychisch entschieden? Falsch, Ihre Hormone haben den Liebsten bestimmt. Sie dachten nur, Sie hätten ein Mitspracherecht, haben Sie aber nicht.

Einer kann den Hormonen aber mehr als schaden und das ist der tägliche Stress, dem wir ganzheitlich unterlegen sind. Dieser unterdrückt die Hormonbildung und schlägt uns ganz schön auf das Gemüt. Nun ist unsere Psyche gefragt, uns wieder aufzurichten und zu sagen „Alles wird gut“. Der Stress ist ein Feind unseres Körpers und richtet auf Dauer große Schäden an. Da unser Körper wie ein Bausteinkasten funktioniert, muss er schnell an die Gegenmaßnahmen denken und beginnt sogleich mit Fressattacken, die nun wirklich nicht das Gelbe vom Ei sind. Daher sollte die Psyche nun Einzug halten und das in Form eines Stoppschildes. Bis hierhin und nicht weiter und Stress lass nach. Fahren Sie sich in solchen Situationen herunter und lassen erst einmal Ruhe einkehren. Meditieren Sie, joggen Sie oder gehen mit Freunden aus. Nur lassen Sie dem Stress keine Chance. Auch das ist in gewisser Weise Psychologie, sich selbst zu stärken und zu lenken, um wieder auf die Beine zu kommen.

Ob das Adrenalin, Kortisol oder Serotonin, sie alle wirken ständig und andauernd mit. Fast wie in einem Theaterspiel, nur sollten Sie die Regie dabei führen. Nicht umsonst entstehen heute immer mehr Zwangserkrankungen, die mit weitreichenden Folgen einhergehen. Jeder Mensch kennt sich selbst am besten. Bemerken Sie die ersten

Unstimmigkeiten in sich, dann greifen Sie sogleich ein. Nur so haben Sie die Selbstkontrolle über sich. Hormone kann man nicht wie die Psyche steuern und auch die gerät mal außer Rand und Band. Aber man kann sie ein wenig beeinflussen. Gehen Sie daher immer auf Ihre Defizite ein und leben Sie nach dem Achtsamkeitsprinzip. Behelfen Sie sich mit der Selbstreflexion und suchen, wenn nötig, einen Psychologen auf. Nur wer mental stark ist, kommt auch an die Macht. Das sind die Regeln unsere Gesellschaft und Sie sind ein Teil davon.

Die Hormone bestimmen von Anfang an unsere Leben, wie die Psyche auch

Das Schwangerschaftshormon hat eine werdende Mutter voll im Griff. Diese unterteilen sich dann in LH, FSH, Östradiol und Progesteron. Die hormonellen Akteure, die demzufolge den weiblichen Zyklus bestimmen. Doch was haben die mit unserer Psyche zu tun? Jede Menge, wenn man so will. Wer kennt nicht die Depri-Phasen in der Schwangerschaft, die von der Hirnanhangdrüse ausgehen. Ist das Baby erst mal da, stellen sich die Glücksgefühle mit ein.

So beginnen die Hormone vom ersten Tag unseres Lebens an zu wirken. Sie haben uns im Griff und dirigieren uns. Die Psyche ist ein Nebendarsteller, der nicht zu unterschätzen ist. Kommen wir auf die Welt, werden wir anfangs mehr von den Hormonen geleitet, sie freunden sich quasi mit uns an. Im Laufe des Lebens gewinnt unsere Psyche die Oberhand und lässt sich auf das Spiel mit den Hormonen ein.

Im Erwachsenenalter lassen wir uns mehr von den Gefühlen und der Psyche leiten und verdrängen die Hormone mehr und mehr. Doch täuschen Sie sich nicht, die Hormone haben jederzeit ein Mitspracherecht und geben demzufolge den Ton an. Ob Sie müde sind, die Verhandlungen zäh laufen oder Ihre Konzentration so langsam, aber sicher den Geist aufgibt, Ihre Hormone wirken still und brav mit. Versuchen Sie daher, Ihre Stärken zu eruieren, und halten Sie an Ihren Vorhaben und Eigenschaften wie auch Fähigkeiten und Talenten fest. Dann geraten Sie etwas weniger in den Hormontaumel, der so manches

Mal Bände spricht.

Können psychoaktive Substanzen unsere Psyche beeinflussen?

Meist denken wir, wir sind Herr der Lage, doch dann kommt es anders als man denkt. Trauer, Wut, Hass, Unmut, Angst und Selbstzweifel überschatten unser Leben. Von jetzt auf gleich und die Psyche leidet vor sich hin und kann sich nicht mehr aufrichten. Auch dieses sehr schwierige Thema gehört in den Bereich der Psychologie, da uns diese psychoaktiven Substanzen in den Wahnsinn treiben können und eine Abhängigkeit hervorrufen. Sie beeinflussen unsere Nervenimpulse und führen eine negative Veränderung herbei.

Was bewirken die psychoaktiven Substanzen in uns?

Eigentlich sollte unsere Psyche unser Schatz und unser Heiligtum sein. Wir müssen sie behüten und beschützen, doch tun wir das nicht. Wir treten sie hin und wieder mit Füßen. Kommen Rauschmittel ins Spiel, so sind wir in uns selbst gefangen, denn sie beeinflussen unsere Nervenschaltkreise. Ob Drogen oder Alkohol, wir sind diesem Übel in größeren Mengen dann einfach ausgesetzt. Wir setzen unsere Gesundheit und die Psyche in den Sand. Die Stimmungsmacher, die in Wirklichkeit zu wahren Abhängigkeitsmachern werden. Sie attackieren unsere Nervenzellen, die Psyche und letztendlich uns selbst.

Heroin ist jedem dem Namen nach bekannt und wird als halbsynthetisches Opioid eingesetzt. Da es vom Körpergewebe leicht aufgenommen wird, dringt es auch schnell in unser Gehirn ein. In der Schmerztherapie wird seine Dosierung gut abgewogen, bei Drogenkonsumenten eher nicht. Demnach besteht ein hohes Suchtpotenzial, das einem Abhängigkeitsverhältnis gleichkommt. Die Psyche leidet und kann sich nicht mehr wehren.

Auch der reine Alkohol stellt ein Zellgift dar und tritt schnell in den Blutkreislauf und in die Psyche ein. Er kann auf Dauer die Nervenzellen schädigen und auch das Gemüt des Menschen gänzlich verändern. Ebenso treten die motorischen Fähigkeiten zurück und das Reaktionsvermögen lässt nach. Die Psyche ist diesen Prozessen willenlos ausgesetzt.

Cannabis ist heute groß in Mode, wenn es sich um das reine Cannabidiol ohne THC-Anteil handelt. Es wirkt ansonsten stark psychoaktiv und schränkt den Menschen in seiner Denkweise stark ein. Die Psyche wird regelrecht blockiert und spielt nur noch eine untergeordnete Rolle im System. Wir sind willenlos und nicht mehr wir selbst.

Wie man sieht, werden wir nicht nur durch Menschen manipuliert, die psychoaktiven Stoffe machen uns ebenfalls den Garaus.

Ist die Psychologie eine reine Frauen- oder Männersache?

Wer kennt den Spruch nicht: „Männer können nicht zuhören, Frauen können nicht einparken." Passiert hier etwa schon der psychologische Geschlechterunterschied? Die Psychologie unterscheidet in Formen, Methoden und Sequenzen und auch ein wenig im Geschlecht. Sehe man sich die Wechseljahre der Frau mal an. Doch alles andere ist eine spekulative Theorie, oder etwa nicht? Das schwache Geschlecht, das starke Geschlecht, ja, wo kämen wir denn da hin? Genau hier bietet die psychologische Forschung hinreichend Antworten und deshalb wird jedes Geschlecht ganz individuell behandelt. Es kommt auf den jeweiligen Blickwinkel an und wurde daher genauestens untersucht.

Es begann mit der Gleichberechtigung, mit den Gehaltsaufbesserungen, den 30 Prozent Frauenanteil in börsenorientierten Firmen bei den Aufsichtsräten, und die Ampelmännchen sind nun auch weiblich. Doch steckt dahinter schon die Psychologie des Ganzen? Fast, denn die Frauen geraten schnell ins Hintertreffen und ackern dennoch wie ein Mann. So gehen die Bemühungen dahingehend, einen Gleichstand zwischen Mann und Frau zu schaffen. Fühlen sich Frauen nicht wohl in ihrer Haut, ob das im privaten oder beruflichen Bereich sein mag, spielt die Psyche verrückt. Sie fühlen sich benachteiligt und das bei gleichem Leistungspotenzial. Früher war das noch gang und gäbe, heute eher nicht. Demzufolge ist alles eine reine Geschlechterfrage.

Frauen reagieren und dominieren anders als Männer und setzen sich andere Prioritäten. Aber auch Männer weisen ihre feminine Seite in der Elternzeit auf und die Zahl steigt stetig. Der Mann als Hausmann, der das Kind schon schaukeln wird. Wo er doch eigentlich als Jäger und Sammler bekannt ist, hat sich die Männlichkeit in das Kinderhüten und die Haushaltsfragen verflüchtigt. Das ist die reine Psychologie, der wir auch generationsbedingt unterlegen sind. Wir passen uns den neuen Regeln und Gesetzen einfach an.

So unterscheiden sich nicht nur die jeweiligen Charaktere, es unterscheiden sich auch die Geschlechter maßgeblich, und das rein psychologisch betrachtet. Aber wir passen uns an und nehmen uns zurück. Dabei entsteht dann ein Einheitsgefühl. Aber Männer und Frauen ticken einfach ganz anders. Eine Frau denkt und handelt anders, was so manchem Mann die Stirnfalten auftreibt. Keiner ist dem anderen psychologisch unterlegen, vielleicht ein wenig körperlich, mehr aber auch nicht. Dennoch ist unsere Denkweise nicht die gleiche, denn Frauen denken einheitlich weiblich und sehen sich nicht dem Fußball und den Chipstüten verfallen. Männer hingegen finden häufig nichts am Kosmetikstudio und der vielbesagten Shoppingtour. Nun könnten wir hier aber eher von den unterschiedlichen Interessen sprechen, ist es aber nicht, denn unsere Psyche leitet uns ein wenig geschlechterbestimmt.

Frauen hatten ebenso den großen Nachteil, sich alles erkämpfen zu müssen, sei es ein gut bezahlter Arbeitsplatz oder die Anerkennung darin. Da lassen sich die Männer gerne feiern. Und dann noch der Platz der ewigen Mutterrolle, weit weg vom Sexsymbol. Demzufolge haben die Frauen einen psychischen Ballast auf dem Buckel, da sie heute auch noch die Alleinverdiener sind. Von der Diskriminierung mal ganz zu schweigen. Das alles hat sich seit Generationen tief in deren Psyche gebrannt.

Rein psychologisch gesehen haben es auch die Männer nicht leicht. Müssen sie immer und überall ihren Mann stehen, als Macho schalten und walten und bei Schmerzen mal kräftig Zähne zusammenbeißen. Frauen dürfen da weinen, das macht sie wiederum so menschlich und verletzlich. Doch der Mann im Manne zeigt hier seine starken Seiten auf. Frauen dagegen sind hilfsbereit und nett, aber schon lange nicht mehr das Heimchen am Herd. So trat langsam, aber sicher ein Wandel in unserer Gesellschaft ein. Auch die Frau steht ihren Mann. Sehe man sich nur die vielen Führungspositionen an, die werden heute auch von der Damenwelt besetzt.

Frauen an die Macht, doch rein psychologisch gesehen geht das nicht. Seit Urzeiten sind ihnen das Kinderkriegen, der Haushalt und das ganze

Drumherum in die Wiege gelegt. Der Mann kümmert sich dann um den Rest. Das ist unsere evolutionäre Psychologie, an der wir auch heute noch zu knabbern haben.

Sie haben nun das Buch für Anfänger vor sich und sind entweder ein weiblicher oder männlicher Leser. Alleine hier spielt Ihre Psyche schon beim Lesen eine Rolle. Sie sehen die Dinge sicher geschlechterbezogen. Dabei geht es heute eher um die Rollenerwartungen, die mit unseren Verhaltensweisen verknüpft sind.

Nehmen wir ein paar Beispiele dazu:

- Frauen sind sicher nicht nur ein Sexsymbol, wo kämen wir da hin. Sie gehen heute ihren Interessen nach und graben so manchem Mann das Wasser ab. Da heißt es doch sogleich: die frigide, böse Schlange.
- Männer gelten als der Macho schlechthin und stellen ein Machtwerkzeug dar. Sie haben Erfolg im Beruf, auch wenn das nicht immer mit rechten Dingen zugeht, und hier kommt dann, er weiß, wie der Hase läuft. Niemand würde dabei seine Autorität untergraben.
- Alleine das zeigt schon die geschlechterspezifischen Seiten im psychologischen Sinne auf. Und das von Kindesbeinen an, denn meist werden wir auf eine bestimmte Rolle in unserem Leben konditioniert.

Die Psychologie im Beruf, oder: So kommen Sie aus der Opferrolle heraus

Sind Sie auch der dankbare „Trottel", der jede Arbeit annimmt, während sich die anderen den Bauch in der Mittagspause vollschlagen? Demzufolge wird der eine befördert und der andere ungerecht behandelt. Alleine das ist schon ein psychologisches No-Go. Oftmals bleibt an dem nicht Beförderten die ganze Arbeit hängen. Häufig und eigentlich mit Abstand ist die Opferrolle mit die beliebteste und nicht nur auf der Bühnenwelt. Wir reden von der Arbeitswelt, die Ihnen nicht immer so bereitwillig zu Füßen liegt. Dennoch ist diese Rolle so angenehm und einfach und alle anderen sind wie immer schuld. Man muss sich um nichts Gedanken machen und zweifelt erst recht nicht an der eigenen Person. Hier kommt ja schon fast die Täter-Opfer-Rolle auf. Achten Sie mal darauf, ob auch Sie nicht schon in die Opferrolle gefallen sind.

Hier ein paar erste Anzeichen dazu:

1. Sie möchten Rache

Sie kann uns ein wenig beflügeln, uns anspornen und befriedigen. Die Rache, die so süß sein kann. Dennoch ist die Rache nichts anderes als ein Akt der gekränkten Eitelkeit – denken Sie darüber einmal nach.

2. Sie übernehmen keine Verantwortung

Sie beklagen sich und lamentieren, ändern aber nichts? Dann sind Sie schon mitten in der Opferrolle. Verantwortung übernehmen Sie sicher nicht. Dazu übernehmen Sie schon keine Selbstkontrolle, warum dann die Verantwortung für andere übernehmen?

3. Sie vergleichen sich ständig mit anderen

Ob jemand besser aussieht oder mehr kann oder nicht, ist reine Spekulation. Nehmen Sie Ihre Selbsteinschätzung zur Hand und lassen Sie den Neid einfach mal beiseite. Wer so denkt, ist eher mit etlichen Minderwertigkeitskomplexen bestückt. Vergleichen mit anderen hat wenig Sinn.

4. Sie bemitleiden sich

O je, dieses ständige Selbstmitleid, man kann es schon nicht mehr hören. Das kann langsam, aber sicher chronisch werden. Richten Sie den Blick nach vorne und nicht zurück und lassen Sie Ihr ständiges Selbstmitleid einfach mal weg. Das kommt weder im geschäftlichen noch im privaten Bereich gut an. Sonst kommen Sie aus dieser Opferrolle nicht mehr heraus. Wer will schon immer mit mitleidigen Blicken konfrontiert werden? Hin und wieder mal ganz nett, auf Dauer gesehen eher etwas niederschmetternd.

5. Sie wissen nichts zu schätzen

Dankbar sein ist eine Geste und macht unglaublich sympathisch. Lassen Sie sich doch nicht den Tag von Kleinigkeiten vermiesen. Ob das zu hart gekochte Ei, der unsensible Kollege – sehen Sie sich doch die schönen Seiten im Leben an. Was Sie erreicht haben, Ihre Zufriedenheit und die kleinen wie auch großen Erfolge. Der schöne Tag und dass Sie bald Ihren Feierabend genießen und dass Sie gesund und munter sind. Das sollten auch Sie mal zu schätzen wissen.

6. Sie lästern

Das Lästern an sich ist nicht nett und kann aber dennoch so befreiend und menschlich sein. Es gilt als das soziale Warnsystem, sollte aber nicht zum Dauerlästern mutieren und Sie als Lästermaul hinstellen. Hier macht es die Dosis aus. Das Lästern ist ein Zeichen von Schwäche und Sie begeben sich in diese Opferrolle hinein. Sie möchten sicher auch nicht, dass über sie schlecht gesprochen bzw. gelästert wird.

Damit ist jetzt Schluss, denn in die Opferrolle kommt man schneller hinein als wieder heraus. Entscheiden Sie, mit welchen Situationen Sie gut umgehen können und mit welchen nicht. Lassen Sie sich nicht aus der Fassung bringen und haken ruhig mal nach. Und bitte, wo ist Ihr

Selbstbewusstsein, das könnte die Opferrolle so wunderbar unter den Tisch kehren. Also holen Sie es heraus und finden sich nicht mit der Opferrolle ab. Ja-Sager sind out und Menschen ohne eigene Meinung auch. Halten Sie sich solche „Traditionen" immer vor Augen. Seien Sie daher positiv und selbstbewusst, das spendet Ihr Gegenüber zurück. Gehen Sie psychologisch vor und niemals hinterhältig, dann übernehmen Sie die nötige Verantwortung für sich selbst und andere. Darin besteht der Sinn des Lebens und nicht mit der Opferrolle sang- und klanglos baden zu gehen. Ihre Stärken weisen Sie nur mit Ihren Fähigkeiten und der nötigen Kompetenz auf.

Vom Psychopathen zum Chef?

Wer erfolgreich sein will, der manipuliert, und manche Chefs sind sogar gefährlich. So schaffen es überdurchschnittlich viele Psychopathen zum Chef. Sie sind gefühlskalt, hochmanipulativ und handeln nur im eigenen Interesse. Sie lieben die Dominanz und das Machtspiel und der kleine Mann bleibt einfach auf der Strecke. Die Kontrollfreaks, die das Sagen haben und die sehr häufig hochriskante Entscheidungen treffen. Sie kennen so ein Modell? Dann haben Sie einen wahren Psychopathen vor sich. Ihr Chef mit einem ausgeprägten Narzissmus in der Führungsposition – und Sie sind ihm heillos unterlegen. Wer aber Menschen entschlüsseln kann, der merkt schnell, hier liegt eine gewaltige Persönlichkeitsstörung vor. Der Kern des Übels, das schon häufig zu Auseinandersetzungen mit Stalking, Gewalt und Drohungen einhergeht. Dieser Mensch besitzt die Macht, wobei er nicht das Zünglein an der Waage ist. Diese Menschen sind sehr schnell verletzt, haben sie doch kein Selbstbewusstsein, sind leicht zu kränken und schlecht einschätzbar. Häufig aggressiv und schlecht gelaunt und wollen immer im Mittelpunkt stehen. Dennoch halten sich diese Psychopathen für grandios. Sie haben zwei Gesichter, können begeistern und auch mitreißen. So einem Chef sind Sie als Angestellter ausgeliefert. Er bringt kein Potenzial und keinen erhöhten Wissensstand mit, er macht eher nur Angst. Dieser Mensch kennt keine Gefühle und seine Psyche ist schwarz wie die Nacht. Es stellt einen Nervenkitzel dar, mit solchen Menschen arbeiten zu müssen, denn sie drehen sich wie die Fahne im Wind.

Meist fällt es den Betroffenen sehr spät auf, dass der Strippenzieher nur auf Manipulation ausgerichtet ist. Solche Menschen lösen sich aber auch sehr schnell wieder in Luft auf und enden im beruflichen und finanziellen Ruin. Gehen Sie solchen Menschen lieber aus dem Weg. Der Narzissmus wurde demzufolge schon in der Kindheit geboren und ist gerade bei Männern stärker ausgeprägt. Psychopathische Chefs tun niemandem gut und sind dennoch in den Führungsebenen vertreten, da sie die notwendige Kompetenz und Macht ausstrahlen, auch wenn dem nicht der Fall ist. Unternehmen, die sich solche Menschen ins Nest setzen, müssen mit dem Ruin rechnen. Daher ist ein Risikomanagement zu betreiben und das bei jedem Einstellungsgespräch, das die Führungsebenen anbelangt. Trotzdem gibt es gerade die Trader unter uns, die psychopathische Merkmale aufweisen und mit die besten sind. Ob Vorgesetzter oder Angestellter, seien Sie gewarnt, diese Menschen sind eher mit Vorsicht zu genießen.

Heute werden angstfreie und gefühlskalte Menschen in den Führungsebenen gesucht: der Psychopath, der das Risiko liebt und über Leichen geht. Doch die Auswirkungen lassen nicht lange auf sich warten. Denn die rufschädigenden Methoden treten schon lange hinter den Kulissen auf und zerstören ganze Firmendynastien. Bleiben Sie lieber sich selbst treu und achten Sie auf Ihre stabile und verantwortungsvolle psychische Ebene. Dann kann Sie auch ein psychopathischer Vorgesetzter nicht so einfach über den Tisch ziehen.

Treten Sie die mentale Stärke mit 5 Tipps für Karriere und Privatleben an

Ein mentales Training ist der Schlüssel zum Erfolg und dieses Erfolgsrezept sollten auch Sie sich zu eigen machen. Bündeln Sie Ihre psychischen Kräfte und verbessern Sie Ihre Lebensqualität nachhaltig, dann können Sie mit den Defiziten des Lebens besser umgehen. Unsere innere Stärke ist eines der wichtigsten Elemente und das können auch Sie tagtäglich trainieren. Bedenken Sie, selbst die erfolgreichsten Menschen sind schon gescheitert und nicht vor Enttäuschungen gefeit. Werden Sie zum Stehaufmännchen und profitieren Sie von Ihrer psychischen Qualität.

Lassen Sie die Vergangenheit los

Wir können die Vergangenheit nur in unseren Erinnerungen festhalten. Wer aber loslässt, ist frei und im Reinen mit sich. Schließen Sie daher mit Ihrer Vergangenheit ab, sonst wiederholen sich die Abläufe im Kopf. Richten Sie Ihre Gedanken nach vorne und lassen Sie die Vergangenheit ruhig mal ruhen. Unser Unterbewusstsein hat uns eh fest im Griff, treten Sie demzufolge nicht noch nach. Sprechen Sie sich jeden Tag Mut zu und ein erfolgreicheres Leben beginnt. Nur wer loslässt, beginnt auch wieder neu.

Stärken Sie sich durch Meditation

Die Meditation ist eine Heilkraft für sich. Sie projiziert die positive Gedankenwelt und bewältigt die Hektik und den Stress. Beginnen Sie Ihren Tag mit einer Meditation, ein paar Minuten reichen da schon. Sie werden ruhiger und gelassener und atmen dabei tief aus und ein. Eine kleine Auszeit für sich, die Sie jederzeit in Anspruch nehmen können.

Mit positiven Menschen umgeben

Positive Menschen motivieren und stärken uns. Solche Freundschaften sind aufrechtzuerhalten und lassen häufig das Negative verschwinden.

Sie werden in Ihrem Tun und Handeln bestärkt und haben Menschen um sich herum, denen Sie voll und ganz vertrauen. Unsere Freunde sind die Rettungsanker schlechthin.

In Maßen konsumieren

Wir sind das, was wir tun, und das fängt beim Essen an und hört bei einem Film auf. Konsumieren Sie all diese Dinge in Maßen und sehen sie niemals als selbstverständlich an. So stärken Sie wiederum Ihre mentalen Kräfte.

Geben Sie niemals auf und sind dankbar

Wer aufgibt, hat verloren, und wer undankbar ist, wird niemals die schönen Seiten des Lebens sehen. Gehen Sie offen auf andere zu und freuen sich über die Kleinigkeiten, die das Leben so beschert. Genau das macht nämlich das große Ganze aus und steigert auch Ihr Selbstwertgefühl.

Leidet der Geist, leidet der Körper. Viele Krankheiten entstehen im Kopf und machen sich langsam, aber sicher breit. Sie manifestieren sich und steuern uns ganz unbewusst. Das fängt mit den kleinen Krankheiten an und hört mit Krebs auf. Wir sind anfällig dafür, wenn unsere Psyche leidet. Daher gibt es eine verblüffende Verbindung zwischen Körper und Geist. Wir können uns Krankheiten einreden, sie nicht wahrhaben wollen, aber auch unsere Selbstheilungskräfte aktivieren. Diese Prozesse laufen nicht im Körper, sondern in unserem Kopf ab. Ist die Psyche stark, ist es der Mensch auch, das strahlen wir ebenso mit unseren Glückshormonen aus. Demzufolge bilden unser Herz und die Seele eine Einheit und sind stark mit der Psyche verbunden. Der Körper denkt nicht mit, die Psyche aber schon. Wir leiden zwar immer ganzheitlich, dennoch nimmt die Psyche einen großen Anteil davon. Nehmen Sie sich folgendes Beispiel dazu: Sind Sie krank und werden auch noch bemitleidet, geht es Ihnen sicher nicht besser. Wir bekommen geradezu eingeredet, wie krank wir sind. Werden wir aber motiviert, richtet sich sogleich unsere Psyche auf und der Körper zieht mit der Genesung nach.

Werden oder sind wir krank, beziehen die wenigsten Menschen die Psyche mit ein. Doch genau sie strahlt die Krankheiten in uns aus. Ob die Migräne, der Herzinfarkt oder das Magen-Darm-Problem, all das geht vom psychischen Aspekt aus.

Der Stressfaktor

Schnell kommen wir in Stress und bei einem Extremfall kann es für unsere Psyche schnell lebensgefährlich werden. Unser Herz kommt ins Stolpern und die Hormone spielen verrückt. Stress entsteht und der Körper schüttet in hohem Maße Cortisol und Adrenalin aus. Dabei geraten wir unter Druck und der Körper hat Handlungsbedarf. Wohin mit dem Stress und wo ist die Ableitung, um diesen wieder abzubauen? Solche Prozesse führen schnell zu Bluthochdruck, Herzerkrankungen oder

Arterienverkalkung. Übrigens, auch das Rauchen, falsche Ernährung und Übergewicht tragen dazu bei und stellen einen hohen Risikofaktor dar.

Menschen mit dem Persönlichkeitsfaktor D wie distressed sind meist schlecht gelaunt, ängstlich und niedergeschlagen. Sie begünstigen dadurch die koronare Herzkrankheit. Demzufolge hat hier auch die Psyche wieder die Finger mit im Spiel. Aber auch der Persönlichkeitstyp A hat mit seiner Verbissenheit, Übertriebenheit und seinem Ehrgeiz zu kämpfen. Daran sieht man: Wir sind psychisch gesehen nicht alle gleich.

Infolgedessen sollten Körper und Geist immer in Einklang sein, damit wir uns vor vielen Dingen im Leben schützen können, dies aber auch eine Befreiungsmaßnahme darstellt. Demzufolge nehmen wir unsere Gesundheit selbst in die Hand und die beginnt mit mentaler Stärke. Werden Sie lieber zum Gesundheitsapostel als zum Frustesser und Kettenraucher und lassen Sie die schlechte Stimmung beiseite. Alleine das macht schon viel aus. Gerade der Schwermut und die Herzleiden sind ein sehr gefährliches Paar und stellen für viele Menschen schlechte Überlebenschancen dar. Die Psyche leidet hier nämlich gewaltig mit und das seelische Wohlbefinden ist ruiniert. Dementsprechend sind die Seele und das Herz sehr eng miteinander verbunden. Heute wird in der Medizin das Zusammenspiel zwischen Seele und Körper erkannt und die Psyche bei Krankheiten nicht mehr außen vor gelassen. Damit verdoppelt sich die Zahl der psychosomatischen Patienten, denn die Psyche wird heute als sehr wichtig im Heilungsprozess angesehen.

Macht die Psyche uns wirklich krank?

Die Psychologie geht ihre eigenen Wege und nimmt sich des Menschen immer ganzheitlich an. Eine rein körperliche Erkrankung gibt es daher nicht, diese geht immer von der Psyche mit aus. Es treten körperliche Beschwerden ohne organische Ursachen auf und diese Menschen leiden oft jahrelang vor sich hin. Hätte man ihnen nur mal in die Seele gesehen. Sind Sie in dieser Situation, lassen Sie niemals Ihre Psyche außen vor. Stabilisiert man sich durch die Meditation und begibt sich in eine positive Gedankenwelt, kann das mehr bringen als jeder Arztbesuch der Welt. Die

Psyche macht uns krank und nicht der Körper an sich, der wird von ihrem Zutun nur gesteuert und ist im Wesentlichen ihr Sklave. Ob Rückenschmerzen, der Bandscheibenvorfall oder die nachlassende Leistungskraft, die Psyche steuert und manipuliert uns geradezu. Werden Sie wieder eins mit ihr und lassen Sie der Psyche nicht immer freie Hand. Sie wirkt mit den Hormonen oftmals auch negativ auf uns ein. Ebenfalls kommen die Depressionen nicht von ungefähr, sie entstehen ganz tief in uns und sind ein Schrei nach Hilfe. So beginnt heute recht früh die Psychotherapie bei Rückenschmerzen, ja, sie haben richtig gelesen, es geht dabei nicht um die Physiotherapie. Es geht nicht um den Schmerz an sich, sondern der Auslöser wird gesucht und diesen findet man in der Psyche. Ist es uns schwer ums Herz, tragen wir eine große Last mit uns. Sie verteilt sich auf unseren Schultern und so entstehen durch den seelischen Druck Rückenschmerzen wie auch andere körperliche Beeinträchtigungen. Letztendlich führt das zu Stress und chronischen Beschwerden. Demnach ist immer der Kopf der Grund und nicht das Problem an sich. Menschen mit Depressionen haben fast alle Krankheiten aufzuweisen, diese entstehen aber nur in ihrem Kopf und sind nicht körperlich. Durch die psychischen Störungen entstehen die körperlichen Gebrechen, die das nächste Übel darstellen.

Hat unser Privatleben Einfluss auf unsere Berufswahl?

Auf jeden Fall, denn wir möchten den anderen gerne nacheifern. Was die Eltern können, können wir allemal. Sicher ist nicht jeder Job umsetzbar, aber wir streben nach der Karriere und dem Ruhm. Ob der Schulabschluss oder das Studium, wir werden hier schon gelenkt. Möchten wir doch vor den anderen nicht dumm aus der Wäsche sehen.

Sind wir noch klein, ist die Berufswahl in weiter Ferne, und dennoch hört man den Feuerwehrmann und den Polizisten heraus. Im späteren Leben gehen wir durchaus differenzierter vor. Was machen die Eltern, Freunde und Geschwister und wie ist man selbst psychisch aufgestellt? Demnach ist das private Umfeld das Maß aller Dinge und man richtet sich danach. Heute spielen auch noch die sozialen Netzwerke mit und der neue Freund und die Freundin quatschen fleißig mit drein. Vielleicht werden wir auch hier schon ein wenig beeinflusst, aber wir begeben uns gerade in die Orientierungsphase.

Auch spielen die Traditionen eine große Rolle. Haben die Eltern ein Fischgeschäft, werden die Tochter oder der Sohn keine Boutique eröffnen, sondern in die Fußstapfen der Eltern treten und traditionsgemäß den Laden fortführen. Nicht immer gefragt, aber man muss. Eine freiere Entscheidung treffen Menschen, die psychisch sehr gefestigt sind und keinen traditionellen Hintergrund aufweisen. Sie machen das, was ihnen gefällt. Das kann vom Tischler bis hin zum Manager sein. Diese Menschen gehen ihre Karriere deutlich entspannter an und sie haben so ein unglaubliches Vertrauen in sich. Demnach werden wir alleine schon durch unsere Erziehung beeinflusst.

Und nun zu Ihnen. Sie kennen es sicher: Mach erst einmal eine Banklehre, dann hast du etwas in der Hand. Sah es bei Ihnen auch so aus? Sie wurden von Anfang an manipuliert und der eigene Berufswunsch hinkte hinterher. Man fügte sich in das System der Eltern ein, ohne selbst zu entscheiden. Taktisch richtig und psychologisch wertvoll, kann man da nur sagen, denn Eltern meinen es ja immer gut. Doch mit der Zeit leiden Körper und Geist, da die Berufswahl gehörig in die Hose ging. Doch sollte die Berufswahl mehr als nur das sein und auch Folgendes darstellen und bedeuten:

- Die Berufswahl sollte ein Findungsprozess zwischen individuellen Interessen, Fähigkeiten und beruflichen Anforderungen sein.
- Eine Berufswahl sollte ebenso ein Kompromiss-Prozess sein
- oder auch als das Ergebnis von Erwartungen und Werten betrachtet werden;
- als Selbstsozialisation angesehen werden;
- als lebenslange Selbstfindung beschrieben sein;
- das Ergebnis bestimmter Charaktereigenschaften sein
- und von bestimmten Genen beeinflusst werden.

Diese Faktoren fließen sehr wohl in die Berufswahl mit ein und stellen dann letztendlich eine andere Sichtweise dar. Dies unterliegt auch dem sozialwissenschaftlichen Ansatz und der muss nicht immer nur leistungsorientiert sein. Ein Beruf soll Freude machen, ein wenig das Leben bereichern und man soll darin aufgehen. Immerhin stellt ein Beruf einen großen zeitlichen Faktor dar. Wobei wir heute die Qual der Wahl haben und auch noch mit 80 Jahren die Schulbank drücken können. Unsere Psyche ist ausschlaggebend, ob wir uns in einem Beruf wohlfühlen oder nicht. Nur mit einem guten Gefühl kann es der richtige sein. Früher noch war das Elternhaus sehr dahinter, heute werden die Zügel schon etwas lockerer gelassen. Man macht ein Orientierungsjahr und hat die Zeit, sich selbst zu finden. Somit müssen unsere Kinder heute nicht automatisch das werden, was wir im Beruf geworden sind. Eine Berufswahl ist immer ein Prozess, der mehr entscheidet, als man denkt. Ratschläge sind immer angebracht, nur muss auch an den psychologischen Ansatz gedacht werden. Man muss nicht dies und das lernen, man kann – und mehr nicht. Eine Jobzufriedenheit ist mehr wert als einer alten Tradition der Eltern zu folgen. Das sehen auch die Psychologen so. Man möchte sich im Beruf entfalten und seine eigenen Wege gehen. Lassen auch Sie sich in der Berufswahl, bei einem neuen Job oder einer Umschulung nicht beirren. Nicht jeder ist zum Lehrer geboren oder risikobereit – gehen Sie nach Ihrem genetischen Ansatz und Ihrem Talent und beziehen auch Ihre Charaktereigenschaften ein. Wir vererben sicher nicht unseren Beruf in den Genen, vielleicht ein paar Fähigkeiten davon. Lassen Sie sich von diesen altertümlichen Vorgehensweisen nicht beirren.

Wer sich mit seiner Psyche im frühen Stadium seines Lebens beschäftigt, wird sehr schnell merken, was er will und was nicht. Sie sind dann weniger angreifbar, weniger zu manipulieren und lassen die Meinungen der anderen außen vor. Sie wissen, was Sie wollen, und möchten auch kein Ja-Sager sein. Egal ob ein Neustart im Beruf oder Quereinsteiger, Sie müssen voll und ganz hinter diesem Vorhaben stehen, nicht aber Ihre Eltern und Freunde. Ein Vernunftberuf ist eher fehl am Platz.

Ist die Psyche eine reine Kopfsache?

Die geistige Gesundheit ist das, was uns ausmacht und sehr abhängig von unserer Motivation. Unser Gehirn entwickelt sich lebenslang und wir möchten auch im hohen Alter geistig fit bleiben. Nun tragen eine gesunde Lebenseinstellung und der Sport dazu bei. Des Weiteren sollte das Gehirnjogging nicht vergessen werden. Unsere Psyche steht nicht gerne hinten an. Sicher lässt unsere Gehirnleistung im Laufe der Zeit nach und die Gene haben einen Anteil daran. Dennoch kann jeder von uns etwas gegen seine vorzeitige Vergreisung tun. Wir beeinflussen von Anfang an unser Gehirn selbst. Alle Organe sind von Geburt an voll und ganz entwickelt. Das Gehirn und die Psyche aber nicht. Sie sind einem ständigen Lernprozess unterworfen. Über 100 Milliarden Nervenzellen befinden sich darin und all diese stehen in Kontakt zueinander. Eine Meisterleistung, die diese kleinen Neuronen, die Nervenzellen, entwickeln. Erst ab dem fünften Lebensjahr beginnt unsere Merkfähigkeit einzusetzen und ist besonders gut involviert. In den folgenden Jahren beginnt erst das logische und abstrakte Denken. Dann verfestigt sich die Gedankenautobahn und die vielen ungenutzten Seitenstraßen fallen weg. Wir gehen dann quasi stur unseren Weg.

Unsere Psyche ist ein großer Teil davon, der uns leitet und uns die Richtung vorgibt. Demzufolge ist alles, was wir tun, reine Kopfsache. Egal ob es die Karriere oder die Krankheiten sind, alles beginnt im Kopf. Unser Gehirn denkt und unser Kopf lenkt, könnte man sagen. Begreifen Sie Ihre Psyche, dann begreifen Sie auch sich selbst. Wir können uns in andere Menschen nur sehr schlecht hineindenken, wenn wir uns selbst nicht nah genug sind. Lassen Sie Ihre Psyche daher viel mehr an sich ran. Hören Sie in sich rein, ohne selbstbestimmt zu wirken. Lassen Sie den Dingen erst mal freien Lauf. Unsere Psyche ist ein unsichtbares und sehr sensibles Gebilde, das wusste auch schon Albert Einstein zu berichten. Niemandem kann man in die besagte Seele sehen, doch die Psyche ist fast schon unser wertvollstes Gut. Entscheidet sie doch darüber, wie es uns geht und wie unser Befinden ist. Aber auch das Altern wird von unserer Psyche recht frei entschieden. Wie ist unsere Lebenseinstellung, sind wir positiv oder negativ gestimmt? Genau diese Fragen tauchen dann auf und wir begeben uns auf eine Art Entdeckungsreise. Fangen Sie daher bei Krankheiten oder der schlechten Laune immer bei Ihrer Psyche an, denn hier ist im Kurzzeit- wie auch im Langzeitgedächtnis alles abgespeichert.

Eine Depression nimmt nicht nur die Psyche mit ein. Die Volkskrankheit Nummer eins, um die sich viele Märchen, Irrtümer und Mythen ranken. Eine psychische Erkrankung stellt heute noch immer ein Tabuthema dar und ist mit zahlreichen Vorurteilen belegt. Schnell wird die kranke Psyche einfach unter den Teppich gekehrt, obwohl heute schon mehr als 350 Millionen Menschen weltweit an Depressionen erkranken. Doch es sollten so einige Irrtümer aus dem Weg geräumt werden.

1. Mythos: Eine Depression ist keine richtige Krankheit

Man denkt immer noch, eine Depression sei nur ein kleines Stimmungstief und mehr nicht. Eine vollwertige Depression kann einen aber ein Leben lang begleiten und dann wird dieses Thema auch sehr erst und kann zu etlichen Krankheiten führen. Die kranke Psyche macht den Körper letztendlich kaputt.

2. Mythos: Eine Depression trifft nur schwache Menschen

Auch gesunde Menschen erkranken daran, daher kann jeder von einer Depression betroffen sein.

- Nicht nur psychisch labile und schwache Menschen sind von Depressionen betroffen.
- Es kann auch Menschen treffen, die stark belastbar und diszipliniert sind und mit beiden Beinen fest im Leben stehen.

3. Mythos: Depressionen sind reine Kopfsache

Es gibt etliche Auslöser für Depressionen und die können die folgenden Hintergründe aufweisen:

- genetische Veranlagung
- Stress
- Veränderung der Anzahl an Botenstoffen in unserem Gehirn, die verantwortlich für Depressionen sind

- Kindheitstraumata, Überforderung im Job
- zwischenmenschliche Konflikte – sie können das Risiko für die Entstehung einer depressiven Erkrankung erhöhen

4. Mythos: Depressionen werden immer häufiger

Wer denkt, depressive Erkrankungen seien ein Phänomen der Neuzeit, der täuscht. Depressionen gibt es seit der Entstehung der Menschheit, nur wurde die Depression erst im späteren Verlauf entdeckt. Heute kann man sich psychische Hilfe holen und somit der Psyche wieder auf die Sprünge helfen.

5. Mythos: Einmal Depression, immer Depression

Niemand ist für immer depressiv. Das ist ein Irrglaube, der sich ganz wacker schlägt. Depressionen treten nicht lebenslang auf, sondern eher in Episoden. Ein höheres Risiko tritt ein, wenn man schon an einer Depression erkrankt war. Dennoch muss dieser Zustand nicht für immer sein. Die richtige Behandlungsmethode hilft dem angeknacksten Seelenleben schnell wieder auf die Sprünge. So werden Sie wieder gesund, fit und leistungsfähig.

6. Antidepressiva machen abhängig

Es kommt auf die Dosierung und Einnahme an, dann machen Antidepressiva auch nicht abhängig. Daher sollte man sie nur auf ärztlichen Rat einnehmen. Sie wirken beruhigend und entspannend und werden heute recht vielfältig für das Wohl der Psyche eingesetzt. Eine Suchtgefahr besteht daher nicht. Bei einer Depression sind sie daher sehr zu empfehlen. Eine Kontrolle durch den Arzt ist dabei immer vorausgesetzt. Halten Sie bei Depressionen immer Rücksprache mit ihm.

Der Weg zur Selbststabilisierung ist gar nicht so schwer und auch Sie haben die Fähigkeiten dazu. Wer schwere Krisen hinter sich hat, hat diese Fähigkeiten schon einmal in Anspruch genommen. Man baut sich selbst wieder auf und zieht sich aus dem dunklen Loch der Trübsinnigkeit heraus.

Tipps zur Selbststabilisierung: Körperliche Aspekte

Je gesünder Ihr Organismus ist, desto besser bewältigen Sie die psychischen Krisenzeiten und den emotionalen Stress. Daher ist Ihre Gesundheit das A und O und diese dient der Aufrechterhaltung.

- Eine gesunde und regelmäßige Ernährung ist ausschlaggebend.
- Ausreichend Schlaf macht glücklich und gesund.
- Genügend Bewegung, möglichst an der frischen Luft, und das bei Tageslicht.
- Eine wertschätzende und liebevolle Pflege des Körpers. Lieben Sie sich selbst.
- Verzicht auf Genussgifte wie Alkohol, Drogen, Tabak und Kaffee.

Tipps zur Selbststabilisierung: Emotionale und geistige Aspekte

In einer Krise spielen sehr häutig unsere Emotionen verrückt, denn wir sind nicht mehr wir selbst und man kann sich schnell in einen extrem erregten Zustand hineinsteigern. Dazu gibt es ein paar Tipps und Tricks und man kann frühzeitig mit folgenden Möglichkeiten gegensteuern und sein stabiles Gleichgewicht wiederfinden:

- **Der Gedankenstopp**

  Wenn wir aus dem Gleichgewicht geraten, beginnt das Kopfkino zu laufen und wahre Horrorfilme präsentieren sich uns. So erzeugen wir negative und destabilisierende Gefühle. Bevor diese Bilder auftauchen, legen Sie sofort einen Stopp ein und denken an etwas Beruhigendes. Das kann ein Urlaub oder ein schöner Abend sein, oder Sie gehen hinaus in die Natur. Dort sammeln Sie Eindrücke der anderen Art und die lenken so wunderbar und rein natürlich ab.

- **Sorgen- und Grübelzeit begrenzen**
  Sorgen, Sorgen, nichts als Sorgen, als gebe es kein Morgen. Aber Sie drehen sich damit nur im Kreis. Das führt leider zu einer Negativspirale und Sie müssen unbedingt eine Stopp-Technik einbauen. Grübeln ist ganz okay, aber Sie zerbrechen sich nur noch Ihren Kopf und das macht auf Dauer krank und einsam. Begrenzen Sie Ihre Grübelzeit und legen ganz bewusst einen Gedanken-Stopp ein. Ablenkung ist dabei die beste Devise. Lust auf einen Kaffee oder einen Ausflug in den Park? Dann machen Sie das doch. Es wird Ihnen zu einer besseren Erkenntnis Ihrer Probleme helfen.
- **Gefühle und Gedanken mitteilen oder aufschreiben**
  Geht Ihnen etwas nicht aus dem Kopf, dann schreiben Sie es auf, so haben Sie es einfach mal gedanklich beiseitegelegt. Denn sobald man seine Gefühle und Gedanken mitgeteilt hat, verlieren sie etwas von ihrer nervenden Intensität. Haben Sie niemanden zum Reden, schreiben Sie alles auf, das befreit und Sie können sich wieder stabilisieren und auf neue und klare Gedanken zurückgreifen.
- **Tun Sie sich selbst etwas Gutes**
  Es gibt nichts Schöneres, als sich selbst etwas Gutes zu tun. Das schenkt Befriedigung und man achtet sich selbst. Belohnen Sie sich aber mit sinnvollen Dingen, die das Leben vielleicht ein wenig schöner machen können.

- **Positiv denken**
  Think positive dient der Stabilisierung und ist äußerst wichtig, damit man nicht nur auf die derzeitigen negativen Aspekte seinen Fokus legt. Schenken Sie dem Leben ein Lächeln und Sie bekommen es tausendfach zurück.

Wir danken Ihnen für Ihr Interesse und Ihr Vertrauen. Als Dankeschön dafür, haben wir eine besondere Überraschung. Wir haben exklusiv für Sie **„Wie Sie mithilfe von Selbstreflexion und Visualisierung positiver durchs Leben gehen - inklusive Tipps für mehr Selbstliebe"**. Und diese erhalten Sie vollkommen kostenlos. Das klingt wunderbar? Dann warten Sie nicht lange und holen Sie sich Ihr Gratis-Geschenk.

Hier geht es zu Ihrem Gratis-Geschenk:

https://forms.gle/KBC84WyUsy3zUnzF6

1. **Öffnen Sie die Kamera-App auf Ihrem Smartphone und richten Sie die Kamera auf den QR-Code.**
2. **Klicken Sie auf den Link, der Ihnen angezeigt wird und schon werden Sie zur Website weitergeleitet.**

Schlussteil

Wer sich für die Psychologie interessiert, kommt sich selbst ein Stück weit näher. Genau das zeigt das Buch im Wesentlichen auf. Sich vertrauen und zu respektieren und seine Wege ohne Umschweife zu gehen. Aber auch andere Menschen lesen und sie im Vorfeld einschätzen.

Es gibt etliche Methoden, sich zu stabilisieren, neu zu orientieren und auch Krisen zu bewältigen und zu umgehen. Einiges ist tief in unserer Psyche durch unsere Gene und Erziehung verankert. Die Psychologie ist ein kleines Wunderwerk der Natur und facettenreicher als gedacht. Machen Sie sich diesen großen Vorteil zunutze und leben Sie nach deren Regeln und Gesetzen.

Unser Körper ist nur unser Werkzeug, der Verstand der Antrieb und die Motivation. Ihre Gedankenwelt ist Ihr Reich und gibt Ihnen die Stütze und Kraft. Nehmen Sie den Ratgeber der Psychologie hinzu und motivieren sich selbst. So kommt auch die Selbstverwirklichung vom Leben unserer Werte.

Ohne die Psychologie und ihren Hintergrund könnten wir weder motivieren oder manipulieren, noch könnten wir unser tiefstes Empfinden preisgeben. Sehen Sie das Buch als einen kleinen Pfad in Ihrem Leben an und lernen Sie, sich zu verstehen. Eine hilfreiche Lektüre, die den Beruf, das Privatleben und die Gesundheit rein psychologisch einbezieht.

Dazu ein wahres Zitat zum guten Schluss:

Die Gegenwart jeden Tag wertschätzen

„Wenn wir uns die Zeit nehmen, um die Dinge zu bemerken, die richtig laufen – dann heißt das, dass wir während eines Tages viele kleine Belohnungen erhalten.“ Martin Seligman

Schlusswort

Dieses Buch ist ein Werk aus Gedanken, Werten, Themen und Fakten. Die Eindrücke überlasse ich dem Leser, der sich in einigen Zeilen und Seiten wiederfinden wird. Wir haben uns in der schnelllebigen Zeit langsam, aber sicher vergessen. Leben von der Routine, dem Erfolg und bleiben über kurz oder lang auf der Strecke. Eines haben wir tatsächlich ganz und gar vergessen: unsere Psyche, ist sie doch ein so großer Teil von uns. Ich bedanke mich dahingehend, dass ich bei meinen Recherchen einigen Menschen in die Seele schauen durfte, um so neue Verhaltenstheorien aufzustellen. Sie waren mir eine sehr große Hilfe. Beim Schreiben wurden auch mir die Grenzen des eigenen Ichs aufgezeigt und die gilt es oftmals zu überwinden.

Fangen auch Sie an, über sich nachzudenken, warum Sie so sind, wie Sie sind, und wie Sie Ihren Erfolg, im beruflichen wie privaten Teil Ihres Lebens, in die richtigen Bahnen lenken. Es gibt viele motivierende Worte und Anregungen. Es begann mit einem leeren Blatt Papier, das nun zu einem Buch für Menschen wie Sie geworden ist.

Lesen Sie sich ein und nehmen sich diesen kleinen Ratgeber als Stützpfeiler zur Hand. Er bietet Hilfestellungen und widmet sich ganz der Psyche von uns Menschen. Leben Sie bewusster, zufriedener und glücklicher und lassen Sie sich bei keinem Vorhaben in die Karten schauen. Sie haben einen ganz entscheidenden psychologischen Vorteil: Sie haben gelernt, sich selbst zu verstehen und andere besser zu begreifen.

Alles Gute auf Ihrem Lebensweg und bleiben Sie sich und Ihren Gedanken immer treu.

Wir danken Ihnen für Ihr Interesse und Ihr Vertrauen. Als Dankeschön dafür, haben wir eine besondere Überraschung. Wir haben exklusiv für Sie **„Wie Sie mithilfe von Selbstreflexion und Visualisierung positiver durchs Leben gehen - inklusive Tipps für mehr Selbstliebe“**. Und diese erhalten Sie vollkommen kostenlos. Das klingt wunderbar? Dann warten Sie nicht lange und holen Sie sich Ihr Gratis-Geschenk.

Hier geht es zu Ihrem Gratis-Geschenk:

https://forms.gle/KBC84WyUsy3zUnzF6

1. **Öffnen Sie die Kamera-App auf Ihrem Smartphone und richten Sie die Kamera auf den QR-Code.**
2. **Klicken Sie auf den Link, der Ihnen angezeigt wird und schon werden Sie zur Website weitergeleitet.**

Impressum

Herausgeber: Pegoa Global Media GmbH / Am Sandtorkai 27 / 20457 Hamburg
Kontakt: kontakt@pegoamedia.de
Coverbild: Shutterstock

WirmachenDruck.de
Sie sparen, wir drucken!